宗教と科学の対話

―宇宙の摂理への想い

その一

高野山大学密教文化研究所 編

はじめに

本書は「高野山大学フジキン小川修平記念講座」の第二回講演会（平成二四年開催）と第三回講演会（平成二五年開催）「宇宙の摂理への想い—科学と宗教の立場から」の記録集です。

この「高野山大学フジキン小川修平記念講座」は大阪市に本社のある㈱フジキンの前会長・故小川修平様からの多額の遺志金を高野山大学に御寄附頂きまして、開講されることになりました。

今日、科学の急速な発展に伴い、我々を取り巻く環境は劇的に変化しています。平和の問題や原子力発電の問題、生命倫理の問題、環境問題など、人間存在を揺るがしかねない様々な問題が山積するようになっています。

一方で、宇宙とは何か、生命とは何か、こころとは、といった根本的な問いについては、未だ解明されていない点が多々あります。

真言密教では、山川草木すべてのものには「いのち」があり、自己と本来的に同質のものであるという壮大な生命観・宇宙観を有しています。

高野山大学では、こうした宗祖弘法大師空海がもたらした真言密教の教えに基づく宗門大学として、現代社会の諸問題の解決に、わずかながらでも貢献していきたいと考えています。そのためには、先人から受け継いだ伝統を土台として、「宇宙」や「いのち」「いのり」「心」などに関する問いを、宗教や科学の視点から考えていきたいと思います。

そこで高野山大学では、密教研究の中心的役割を担う高野山大学密教文化研究所を中心に、「宗教と科学の対話」をテーマとするこの「高野山大学フジキン小川修平記念講座」を開設し、宇宙や生命（いのち）、環境、こころ等に関する公開講演会、シンポジウム、セミナーや高野山大学内での講義・講座などを開催しています。

この「記念講座」を通して、現代社会の抱える問題に真言密教はどのように応えることができるのか、という社会的期待に応えるとともに、一人でも多くの方々に、現在の諸問題を考えるうえでの一つの道標を示すことができますならば、これ以上の嬉しいことはありません。

平成二七年七月吉日

高野山大学学長　藤田　光寛

目次

はじめに　藤田光寛・高野山大学学長……i

第二回講演会（平成二四年一一月三〇日）

講演Ⅰ　いのちと医学―大阪大学の歴史とともに―
平野俊夫・大阪大学総長……2

講演Ⅱ　いのち・いやし・いのり―宗教と医療の根底にあるもの―
棚次正和・京都府立医科大学教授……22

講演Ⅲ　地球の自然治癒力の回復を目指して
帯津良一・帯津三敬病院名誉院長……43

シンポジウムⅠ
パネリスト　**棚次正和／帯津良一／鮎澤　聡**・筑波技術大学准教授……66

第三回講演会（平成二五年一〇月一三日）

講演Ⅰ　科学と思想の相互越境への挑戦
松本　紘・理化学研究所理事長（京都大学前総長）……88

講演Ⅱ　ダーウィンが来た…新しい因果性の科学
西川伸一・ＪＴ生命誌研究館顧問……118

講演Ⅲ　心は遺伝子の働きを調節する
村上和雄・筑波大学名誉教授……140

シンポジウムⅡ
パネリスト　**西川伸一／村上和雄／棚次正和／生井智紹**・高野山大学名誉教授……167

第二回講演会 ―平成二四年一一月三〇日

講演Ⅰ

いのちと医学 ―大阪大学の歴史とともに―

平野　俊夫・大阪大学総長

【略歴】

一九四七年　大阪市生まれ。
一九七二年　大阪大学医学部卒業。
一九七三年―一九七六年　アメリカ国立衛生研究所留学、大阪府立羽曳野病院勤務後、熊本大学助教授、大阪大学助教授、同教授、生命機能研究科科長の職を歴任。
二〇〇五年―二〇〇六年　日本免疫学会会長。
二〇〇八年―二〇一一年　大阪大学大学院医学系研究科長、医学部長。
二〇一一年　第一七代大阪大学総長に就任、現在に至る。

【受賞歴】

大阪科学賞、サンド免疫学賞、持田記念学術賞、藤原賞、日本医師会医学賞、クラフォード賞、日本国際賞（免疫機能における情報伝達において重要な働きをするインターロイキン6の発見に対して）、二〇〇六年紫綬褒章。

はじめに

皆様、こんにちは。本日は、この講演会におきまして、医学者の立場から、いのちというものを皆様方と一緒に考えていきたいと思います。

宇宙が誕生して一三八億年、地球が誕生して四六億年。四六億年といってもちょっと想像がつきませんが、生命が誕生して四〇億年が経っています。そして、人類、いわゆる新人類が誕生したのは今から約二〇万年前と言われています。そして、皆さんが今ここにおられるわけでございますが、我々の人生は八〇年ぐらいですね。人生八〇年というのは、生命の歴史四〇億年に比べますと、わずか一億分の二にすぎないんですね。

生命は四〇億年間、延々とこの地球上に命をつないできたわけですが、我々の一生は生命の歴史からいうとわずか一億分の二であります。現在、人生というのは八〇年ですが、生あるものは、必ず生まれ、だんだん大きくなって年をとっていく、そして病気になって、最後はお墓に行くわけですね。

この老、病、死は、どんな人でも避けることができません。そうしますと、この生命の歴史、一億分の二の貴重な時間を、どう生きるかというのが問題になってきます。そこにいろいろな宗教や哲学といったものが入ってくるのだと思います。

織田信長は本能寺の変で死ぬときに、「人間《じんかん》五〇年、化天のうちを比ぶれば、夢幻の如くなり　一度生を享け、滅せぬもののあるべきか　これを菩提の種と思ひ定めざらんは、口惜しかりき次第ぞ」と、「敦盛」（注1）の一節を読んで死んでいきました。これからもわかりますように、人間五〇年と書いています。

『方丈記』では、「ゆく河のながれは絶えずして、しかももとの水にあらず。よどみに浮ぶうたかたは、かつ消えかつ結びて、久しくとどまりたるためしなし。世の中にある人とすみかと、またかくの如し。たましきの都のうちに、棟をならべ、いらかを争へる、高き卑しき人のすまひは、世々を経て尽きせぬものなれど、これをまことかと尋ぬれば、昔ありし家はまれなり。あるいは去年焼けて今年作れり。あるいは大家ほろびて小家となる。住む人もこれにおなじ。所もかはらず、人も多かれど、いにしへ見し人は、二三十人が中に、わづかにひとりふたりなり。朝《あした》に死に、ゆふべに生るるならひ、ただ水の泡にぞ似たりける。」とあります。

また、『平家物語』には、「祇園精舎の鐘の声、諸行無常の響きあり。娑羅双樹の花の色、盛者必衰の理をあらはす。おごれる人も久しからず、ただ春の夜の夢のごとし。たけき者も遂にはほろびぬ、ひとえに風の前の塵に同じ。」とあります。

このように、生あるものは必ず死ぬ。生あるものは常に変化する、諸行無常ともいいますが。これが本日のキーワードでございます。

体は変化する：諸行無常

我々の体はどうなっているか。皆さんご存じのように、男の人と女の人が結婚しますね。そうしますと、我々が生まれてくるわけですが、我々の体は大人になりますと六〇兆個の細胞で構成されています。六〇兆、すごい数ですね。

しかしながら、この六〇兆個の細胞はあくまでも一個の細胞から派生している。すなわち受精卵ですね。お母さんの卵子とお父さんの精子、これが合体したものが受精卵です。この一個の受精卵が二つに分かれて、また二つに分かれて四つになり、八つになり、一六になり、最後六〇兆個の細胞になる。一個の受精卵が六〇兆個になるまでに、全て同じ細胞ではないのです。大きくいうと、外胚葉と内胚葉と中胚葉と生殖に分かれる。例えば、外胚葉からは皮膚の細胞や神経細胞ができ、内胚葉からは腸管や消化器官ができます。中胚葉からは、筋肉や血球成分ができます。このようにして、髪の毛や皮膚、骨など、体のいろんなものに分かれていくわけです。それは全てこの一個の受精卵から始まるんですよ。これは非常に不思議なものですね。

私は昭和二三年にオギャアーと生まれ大きくなり、昭和四八年に大学を卒業してアメリカに行き、去年（平成二三年）、大学の総長になって、この先はどうなるかわかりませんが、常に変化しています。我々は変化するんですね。

皆さんは、人生は八〇年あるいは一〇〇年と思っておられるかもしれません。生まれてから死ぬまで、同じ細胞、同じ体だと思っておられるかもしれません。しかしながら、我々の体というのは六〇兆個の細胞からなっています。それぞれがいろんな体の部品を形成している。例えば、ある細胞は赤血球であったり、ある細胞は筋肉であったり、ある細胞は神経であったりする。それぞれの細胞が全部八〇年生きるわけではありません。

例えば、赤血球は一二〇日で死んでしまいます。好中球（注2）はたったの半日で死んでしまいます。朝起きたら、夕方にはもう死んでいる。皮膚の細胞だって二八日で死ぬ。皆さん、垢《あか》が出ますよね、皮膚がぽろぽろ落ちてきますよね。あれは死んだ皮膚の細胞です。すなわち二八日前の皮膚と今の皮膚とは全く違うものになっているということです。決して八〇年間同じ皮膚を皆さんは持っているわけじゃありません。あるいは、小腸の小腸上皮細胞は、二日から三日で全部死んでいきます。骨だって、三か月で置きかわります。

これは何を言わんとしているかといいますと、それぞれの体の部品は、皆さんは人間としては八〇年間生きるかもしれないけど、皆さんの体を構成している部品はそれぞれの寿命があるということです。それぞれ常に置きかわっているのです。常に変化している。だから、昨日の私と今の私と明日の私は違います。これが一〇年たてば全く違うものになっています。オギャアーと生まれたときの私と、今の私は似ていますけどかなり違う。中身はみんな違う。

万物流転

命の始まりは確かに受精卵ですが、これは宇宙から来ているんです。宇宙の原子。水素原子とか酸素原子とか、あの原子です。生命は宇宙（星）の成分である原子で出来ているのです。ここにある机と私の体は同じもので出来ている。何ら変わらない。要するに、一個の生命は、死によりまた星の成分に戻っていくのです。死んだらどこへ行くか。あの世へ行ったらどこへ行くか。これは原子に戻る。原子に戻って、ある部分は鳥の一部になり、ある部分は木の一部になり、ある部分は土の成分になり、ある部分は海の成分になり、我々の体は元に戻って分散してしまいます。万物流転です。

この瞬間、皆さんが、私が、ここに生きていること、これは奇跡ですね。一期一会とも言いますけど、本当に奇跡です。こういう四〇億年という時間軸の中で、今、私がここでしゃべっている、そのしゃべっていることを皆さん方が聞いている。これは奇跡としか言いようがないことなのです。ですから、この瞬間、この出会い、この命を大切にということです。

大阪大学の歴史：大学も変化する

ここで、ちょっとだけ脱線して大阪大学の歴史の話をさせていただきます。『鉄腕アトム』や『火の鳥』、『ブラック・ジャック』など、命をテーマにした漫画を描いた手塚治虫さんは、大阪大学医学部の卒業生で、医学博士でもあります。

この手塚治虫さんが命の大切さということで二つのことを語っています。

一つは、彼が中学生のときに、空襲で焼夷弾がババッと落ちてきて、あっという間にあたり一面は火の海になった。命からがら淀川の堤防に逃げていくと、そこには丸太のごとく死骸が転がっていたと。そのときの衝撃ですね。

もう一つは、医師免許を取って、初めて患者さんを診て、その患者さんが亡くなっていく。死ぬまで非常に苦しみもだえた人が、臨終とともに非常に穏やかな顔になられたと、その印象。この二つをもって、彼は命というものを深く考えたそうです。

彼は『陽だまりの樹』という遺作を描いています。この『陽だまりの樹』は、手塚治虫の曽祖父である手塚良仙の伝記です。手塚良仙は、実は大阪大学医学部の原点である適塾で、福沢諭吉らとともに緒方洪庵から学びました。この手塚治虫さんの祖先というのは、現在の医学に非常に関係があります。ちょっと脱線して宣伝させていただくと、大阪大学というのはこの適塾を原点にしており、そこで緒方洪庵をはじめ、福沢諭吉、大村益次郎、佐野常民など、明治維新を支えたいろんな人物を輩出したわけでございます。

司馬遼太郎も大阪大学の出身、正確に言えば、旧大阪外大の出身でありますが、司馬遼太郎の『花神』という小説の冒頭に、適塾は大阪大学の前身である、緒方洪庵は大阪大学の「校祖」であるという記述がございまして、大阪大学には、この適塾の「人のため、世のため、道のため」という緒方洪庵の精神と大阪町人の学問への情熱が流れているということでございます。何が言いたいかというと、大阪大学というのは、府民や財界からの強力な支援で今まで皆さんに育てられて、発展してきた大学であるということをひと言申しておきます。

そして、来年（二〇一三年）は、適塾創設一七五周年、緒方洪庵没後一五〇周年、そして、二〇三一年には大阪大学創立一〇〇周年を迎えます。このように、大阪大学も常に変化しています。これが言いたかったのですけど、常に変化している。大阪大学は生き物じゃないですけど、常に変化しているのです。

人生五〇年から一〇〇年に

話は戻りますが、織田信長は人間《じんかん》五〇年と言って死んでいったわけです。ところが、皆さんもよくご存じの医師である日野原重明先生は、今年（二〇一二年）、一〇一歳を迎えられました。ますますお元気でございます。日本の平均寿命は、今でこそ八〇歳ですが、織田信長の頃、平均寿命は三〇歳から四〇歳ですよ。これは日本だけではなく世界的にも同じです。

もっとさかのぼっていけば、二〇歳ぐらいが平均寿命でした。それが、このわずか一〇〇年間で、平均寿命が劇的に延びたわけです。現在、日本はほぼ世界一の長寿国ですが、日本に比べて、今現在でも平均寿命が四七歳以下の国もあります。なぜこうなったか。これは死因を見ればわかります。

人はなぜ死ぬか。昔は、新生児の死亡率は非常に高かった。人は肺炎、腸炎、結核といった感染症でほとんどが死んでいった。それが、最近では、がんとか心疾患とか脳血管疾患に変わってきました。死亡する原因が変わってきました。昔は感染症で五〇歳までに死んだけれども、感染症が克服されたことで五〇歳以上まで生きるようになった。そうなると、年をとることで、がんが出てくるのは医学から言えば常識なんですけど、がんで死ぬ人が増え、今では二人に一人はがんで死ぬような時代です。

医学における重要な発見には、一八世紀のワクチンの発見、一九世紀の病原微生物の発見、それから二〇世紀初めのペニシリンのような抗生物質の発見があります。これによって感染症がある程度制御されたわけです。一方、レントゲンが発見され、麻酔や消毒が発見されて、外科手術が発展したこともあります。

こうしたなかで医学の歴史というのは、実は感染症との闘いでもあった。人類の歴史は感染症との闘いであったと言っても過言ではありません。

免疫学からみた〝いのち〟

命というものを免疫の立場から考えてみましょう。今、いろんな伝染病がありますよね。インフルエンザも含めて、腸チフスとか麻しん、もうこの世の中から消えたと言われている天然痘などがあります。

紀元前五世紀、カルタゴ軍とシラクサ軍が戦争をした。ところが、戦争中にペストが流行って、戦争どころでなくなって引き分けた。八年後にもう一度戦争をしました。そのときに、カルタゴ軍は経済が非常に発達していて、お金もたくさんあったので、若い屈強な兵隊を外国から雇った。シラクサ軍は経済が破綻していて老兵で戦いました。最初は、屈強な若い兵士を雇ったカルタゴ軍が圧倒的に優勢だったのですが、途中でもう一度ペストが流行った。そうすると、カルタゴ軍の兵士はバタバタ死んでいきましたが、シラクサ軍の老兵は死ななかった。老兵は八年前にペストに生き残った人で、いわゆる免疫があったのです。結局、シラクサ軍が勝った。感染症あるいは免疫が戦争の勝敗すら決めたのです。

あるいは、これも驚くべき事実ですが、皆さん、南米にインカ帝国やアステカ帝国があったのをご存じですよね。こうした文明は一四九二年にコロンブスが新大陸を発見して、あっという間にすばらしい文明がこの地球上から消えました。なぜ消えたか。当然、スペインの兵隊が攻めたわけです。ただし、不思議なことは、インカ帝国にしてもアステカ帝国にしても数千万という人口がいたのに、わずか二〇〇人とか六〇〇人足らずのスペインの兵隊にやられてしまった。

それはなぜか。そのスペイン人の中に一人、天然痘の患者さんがいたのです。その人を介してあっという間にインカ帝国、アステカ帝国に天然痘が蔓延した。それで、バタバタ死んでいった。じゃ、なぜスペイン人は死ななかったのにインカ帝国の人は死んだか。

それは、天然痘などの伝染病は大型動物の家畜化により人類に広まったのですが、アメリカ大陸には大型の哺乳動物がいなかったんです。すなわち、当時伝染病がなかった。彼らは伝染病に対する免疫を持っていなかった。そこに、ヨーロッパから天然痘がもたらされた。ヨーロッパ人はある程度、天然痘に免疫がありますから死ななかった。ところが、こちらの人は五〇%とも七〇%とも言われていますが、多くの人があっという間に死んだ。感染症は文明すら滅ぼしたということです。

一四世紀には黒死病がヨーロッパに蔓延し、ヨーロッパの人口が五〇%から七〇%も減少したためにCO_2が激減し、気温が低下し、小氷河期のような状態が続きました。こういう恐ろしい影響を伝染病はもたらしたのです。また、日本ではコレラというのは虎狼狸《ころり》とも言われていましたが、一八五八年・安政五年には、ころりが全国的に流行して、江戸を中心に二万八〇〇〇人が死亡したと記録されています。

このように、人類の歴史というのは感染症との闘いであり、医学の歴史も感染症との闘いであったのです。

そこに免疫が出てくるわけですが、免疫がなぜすばらしいか。

ある夫婦に赤ちゃんが生まれました。ご両親は五体満足な子が生まれてよかったと喜びます。ところが一年以内に子供は死んでしまった。なぜか。この赤ちゃんには生まれながらにして免疫機能が全くなかったのです。その結果、六カ月から一年以内に感染症におかされ亡くなってしまいます。免疫がなければ、生まれても一年以内に死んでしまう。要するに、免疫システムがなければ我々はこの世の中で生きていけない、命は免疫に依存しているということです。

命というのは、いろんなファクターがあって律速（ものごとの進展の度合いを決定する要素）します。その一つの非常に重要なファクターが免疫力です。極端に言えば、免疫がなければ、生まれてきても一年以内に死んでしまいます。一方、長生きしようと思ったら、免疫力がないと絶対に長生きできません。今は、抗生物質とかいろんなものができたことで免疫を補助して、感染症をかなり克服した。そうすると、今度はがんが待ち構えているという状態です。

命を免疫から考えました。命というのは、ただ単に命そのものじゃなくて、免疫が一つの律速段階です。

移植医療から〝いのち〟を考える

次に、移植医療から命を考えてみましょう。肺とか肝臓といった臓器移植ですね。大阪大学の宣伝になりますが、大阪大学は心臓、肺、肝臓、膵臓、小腸、腎臓、これらの臓器を同時に臓器移植できる医療機関です。もちろん、心臓だけ、肝臓だけ移植できるところはいろいろありますが、これらを全て同時にできるのは、日本では唯一大阪大学だけです。

最初の心臓移植は、一九六七年にバーナード博士が南アフリカで行ったのですが、日本では脳死移植からの正式の心臓移植は、一九九九年に大阪大学が最初にやりました。また、脳死から肺の移植を大阪大学が最初にやりましたし、心臓と肺を同時にやったのも大阪大学です。

さて漫画の世界の話ですが、手塚治虫さんの『ブラック・ジャック』は脳の移植をやりました。これは命とは何か？ということを深く考えさせられます。

この『ブラック・ジャック』では、画家が南の島で絵を描いていたときに原爆実験があり、この画家は被曝して、余命二週間だと言われました。それで、画家は「何とかしてください。私はとにかくこの絵を完成させたい」と、ブラック・ジャックに頼んだのです。そこで、ブラック・ジャックは交通事故で死んだ人に、この画家の脳と心臓を移植しました。そうして画家の脳は全く別の人の中で生き長らえ、画家の脳は他人の体を使って絵を一年で完成させた。ところが、結局この脳にも放射線が当たっているので、一年後にこの脳はがんだらけになって、脳腫瘍でこの画家の脳も死ぬことになります。

これは何を考えさせるのか。結局一年後に死んだのだから移植をしても無駄だったじゃないかと。しかし、ブラック・ジャックは、いや、これは無駄ではなかったと言うわけです。どうせ死ぬのだけれど、やったことは無駄じゃなかった。なぜか。この画家の思いを遂げることができた。要するに、決してあきらめない、その画家の思いを遂げさすことが私はできたんだと。だから、この手術は、結局は死ぬことになったけれど意味があったとブラック・ジャックは言うわけです。

考えてみると人間は必ず死ぬわけですから、いかに生きるかということが問題であると。いかに死ぬか、いかに生きるかということが問題である。そのブラック・ジャックも、自分の恩師が年とって死にかけたときに、何とか助けようとしたけれど結局だめだった。要するに、いくらスーパーな医者だといっても、医学には限界があるということですね。死にゆく命を止めることはできないのです。

再生医療から〝いのち〟を考える

今、命を移植医療からみましたが、次に、命を再生医療から考えてみましょう。再生医療はブラック・ジャックを超えることができるでしょうか。人間は永遠の生命を手に入れることができるのでしょうか。

再生医療は、人体の組織で、胎児期にしか形成されず、その組織が欠損した場合に、再度生えてくることのない組織の機能回復の方法を研究する分野です。例えば、体操をしていて落下して首の骨を折り、脊髄を損傷し、下半身が全部麻痺して一生寝たきりになるケースがあります。ブロックされている脊髄の神経をもう一回繋いでやれないか。あるいは手を切断した場合、手は再び生えてきません。それを再生することができないかと。心筋梗塞でダメになった心臓の筋肉を医療で再生できるのかどうかということです。

復習ですけれど、受精卵は六〇兆個の細胞になるわけですが、いろんな体の部品に分かれていきます。受精卵が二つに分かれ四つに分かれて、四つとか八つぐらいのときには、それぞれの細胞はまだ将来何にでもなれる能力を持っています。そういう細胞を胚性幹細胞（ＥＳ細胞）と言います。

受精卵じゃないけど、将来、どんな細胞にでもなることができるという細胞が私たちの体の中にはあるのです。例えば、脂肪組織の中にある胚性幹細胞を試験管の中で培養しますと、いろんな体の部品になります。例えば、骨、軟骨、神経細胞、心筋細胞ができてきます。脂肪組織にある胚性幹細胞と言われるものを培養して放っておくだけでいろいろなものができてくるのです。

要するに、再生医療の考え方は、こうしてできた体の部品を使って、部品を置き換えようということです。

山中先生がノーベル賞を受賞されました。本来は自然に胚性幹細胞があるのですが、iPSというのは、例えば、皮膚の細胞に四種類ぐらいの遺伝子を人工的に入れて、この皮膚の細胞を人工的に幹細胞に戻すことを言います。そうしてできたのがiPS細胞です。基本的には、自然にある胚性幹細胞とほぼ同じです。何が違うかというと、iPSの場合は、皮膚の細胞に人工的に遺伝子を入れて、強制的に戻した。それが違うだけで、様々な細胞になりうるという点ではよく似ています。ですから皮膚からとってきて遺伝子を入れて、それを試験管で培養して骨や神経細胞を作ることができます。

畸形嚢腫という病気があります。一卵性双生児というのをみなさんご存じですね。二卵性双生児というのは、受精卵が二つあって、二つの受精卵が同時に母親の胎内でできたものですから、これは兄弟と一緒です。ところが、一卵性双生児というのは全くうり二つですよね。それはなぜかというと、受精卵は二つに分かれて、それがまた四つに分かれていくのに、一卵性双生児は二つに分かれた時点で、それぞれの細胞が別々の人間になった。だから一卵性双生児と言います。だから、元をたどれば全く一緒だから、顔つきも全部一緒なわけですね。

畸形嚢腫という病気は、本来、一卵性双生児になるはずだったのが、片一方が何かが間違ったのかうまくいかなくて、片一方の胎児のお腹の中で大きくなってしまった。つまり、一人の赤ちゃんの中に一卵性双生児のもう片方が入ってそこで大きくなった病気が畸形嚢腫です。これは人間にはならなくて、レントゲンをとると、体の部品がいっぱい詰まった状態になります。これは一種の腫瘍ですね。これを手術で取り出す。

ブラック・ジャックは、手術で取り出したこの部品をプラスチックの容器に詰めて、ピノコという子供をつくっちゃった。これは漫画の世界ですが、将来、iPSとかES細胞から部品をつくって集めたら、こうなる可能性もあります。四〇年前に、手塚さんはこういう方法でピノコちゃんをつくっちゃったんです。

人工臓器からみた〝いのち〟

次に、命を人工臓器から考えてみましょう。これまでお話してきたように、命というのは結構いじれるわけですね。そうすると、人工臓器で人体の部品を置き換えればどうかということですね。人工の股関節は立派な人工臓器です。今じゃ、血管だって人工血管があります。心臓だって埋め込み型の人工心臓も開発されていますし、いろんなものが人工的にできてきました。例えば、人工内耳ってご存じですよね。これは立派な人工臓器です。あるいは、最近では、人工網膜も開発されています。網膜がだめになって失明し、全く見えなくなった。そのときに、網膜のかわりにデジタルカメラのCCD素子の精巧なものを埋め込み、神経に伝達する。全く見えなくなった人が人工網膜でうっすらと明暗が判別できるようになりつつあります。

また、ブレイン・マシン・インターフェースがあります。これは頭の中で考えたことが、脳波を伝ってコンピューターにいき、コンピューターが解析して、人が「こんにちは」と言ったら、コンピューターが「こんにちは」と言います。あるいは、人が腕を動かしたいと思ったら、脳波がつながってロボットアームが同じことをする。私が、今、携帯電話に何々さんに電話してくれと言ったら誰かが電話をかけてくれますよね。これは音です。そうしたことはしなくてもいいんです。私が思っただけで、パッと私の思いがロボットに伝わる。そういう時代になりつつあるということです。

ブラック・ジャックは脳を移植しました。そうすると、将来、ロボットに脳を移植したらどうなるか。皆さん、どうですか。こうして長生きしたいでしょうか。私の脳はロボットの中で永久に生きるのだと。ロボットが壊れない限り。あなたの人生は脳が生きている限りあなたのものであると…。

しかし、考えてみればこれはバカげた話ですね。脳は確かに自分のものだけれど、その脳にはいろんな情報が入ってきますね。目の信号、皮膚の信号、味覚、それはみんなロボット、あるいは再生医療の場合、再生医療で置きかえたものから入ってくる味覚であり、聴覚です。それは本来の自分のものとはいろんな感度が違うはずです。オートマチックの自動車がスイッチを押すだけで、スポーツモードになったり、エコモードになったりしますよね。ロボットも「今日はいい気分にしたい」というモードにすれば、脳も一緒にそういう気分になっちゃうとかね。アルコールを飲んでいい気分になるのと同じようなことが、もっと機械的にできるかもしれない。しかし、そんな人生はいいでしょうかね。

〝生きる〟という意味

生あるものは必ず死ぬ。あなたの脳も死ぬわけです。そうすると再生医療で、脳細胞を常に補充してやればどうだと。そうすれば理論的に永久に生きるかもしれない。しかし、こういうことを考えるとばかばかしくなります。宇宙誕生一三八億年、地球誕生四六億年、生命誕生四〇億年、人類誕生二〇万年、こうした長い時間軸で考えたときに、人生八〇年を二〇〇年にする。あるいは、ロボットの中で自分の脳が千年生きたとして、それはどれだけの意味があるかということです。

考えてみれば、この地球上で、今まで少なくとも五回、九〇何％の生命が全滅した時期がありました。直近では六六五〇万年前に恐竜が全滅しました。大体、一億年に一回ぐらい生命が全滅しています。そのときは人間も全滅する。あるいは、大体、五億年から六億年の周期で、今五つの大陸が一つになるんですね。今から二億五〇〇〇万年前には、五つの大陸は一つの大陸でした。あとまた二、三億年後には、今の五つの大陸はまた一つになる。大陸は毎年五㎝移動しています。地震というのはほとんど誤差範囲の地殻変動なのです。大陸が一つになるなんて恐ろしいことですね。

こうした状態で「生きる」ということはどういう意味かということです。

私は恩師の山村雄一先生の言葉である「夢みて行ない　考えて祈る」を座右の銘として生き、約二五年前の一九八六年にインターロイキン6を発見しました。これがいろんな免疫の病気とかに関わっているということで、二〇〇九年にスウェーデンの王立科学アカデミーからクラフォード賞を受賞し、二〇一一年には日本国際賞をいただいたりしました。私自身の人生から学んだことは、

「目の前の山を登りきる」ことの重要さです。

しかし、人生には山あり谷ありで、私も六五歳ですけれど、五年前にがんの手術をして、左の肺を六〇％切除いたしました。そのとき思ったのは、佐藤一斎の言志四録にある「一燈を提げて暗夜を行く。暗夜を憂うることなかれ。ただ一燈を頼め。」という言葉でした。どんな状態であっても、自分の信念を頼んで、自分が信じる道を真っすぐ行けと、そうすると道は開けるということです。

私としては、死は他人事だと思っていたのですが、初めて私もやはり死ぬんだと実感しました。がん細胞を見て「これが私のがん細胞だな」と妙に納得し、妙に感激しました。肺を六〇％とりましたけど、いまだにここで生きて、こうやってしゃべっています。第二の命を与えられたということで、今の私があるわけです。

私は福沢諭吉の「滴々あに唯風月のみならんや　渺茫たる塵芥自ら天真　世情説くを休めよ、意の如くならずと　無意の人は乃ち如意の人」という言葉が非常に好きなんです。要するに、世の中思うようにならないと、ぶつぶつ言うとるなと。無心でやれば道は開ける。「無意の人乃ち如意の人」ですね。アップル創業者のスティーブ・ジョブズは膵臓がんを煩いました。彼は非常にいいことを言っている。「あす死ぬと思ったら、今何をするか、それを考えろ」と。要するに、今の瞬間を必死で生きよということだと私は思っています。日野原先生も、余生に何をしますかと聞かれたら、「余生なんかありません。いつも現役です」とおっしゃる。最後まで頑張ります。要するに必死に生きるということです。

私の恩師である第一一代大阪大学総長の山村先生からもらった言葉に、「樹はいくら伸びても天

までとどかない　それでも伸びよ　天をめざして」というのがあります。これは、いくら頑張っても天に届くはずはないけれども、それでも一歩一歩やれと。必死に死ぬまで生きろということです。いかに生き抜くかということですけどね。

生命が誕生して四〇億年という長い時間軸の中で、人生八〇年。我々はこの八〇年をどう生きるかということです。「生きる」ということの意味は、人によってそれぞれ違うと思います。私は、この瞬間が大事だと思っています。もちろん、この瞬間は今までの過去の積み重ねで、この瞬間があるわけですが、この瞬間が未来につながっているのです。しかも、皆さん、それから私も、今、この瞬間、ここに生きているんですね。今の瞬間こそが実感でき、かつ実在する唯一の時間なのです。

子供たちに「この命を大切にしてください」といつも言っているのですが、この瞬間を大切にすること、そしてもっと大事なのは、「この瞬間を必死に生きる」ということです。この瞬間を必死に生きていけば、私はその生命は永遠だと思っています。もちろん、生命は必ず死にますけれど、この瞬間だけを考えたときには、瞬間を必死で生きる限り、その瞬間は、私は永遠だと思っています。

ふと将来のことを考えると、不安がよぎってきます。明日どうなるのか、あさってどうなるのか。もちろん、明日は今よりよくなるという希望はある。夢があるからみんな生きていくわけですが、希望とか夢の裏返しには、必ず不安があるんですね。その希望、夢が叶えられなかったときあるいは災いが生じたときはどうなるかという不安があります。その不安の裏返しは希望であり、夢である。夢の裏返し、希望の裏返しは、将来の不安であり、おそれですね。

しかし、限りなく今の一瞬に心を集中すれば、見えてくるものも見えてくるだろうし、「無意の人乃ち如意の人」の言葉のように道は開けるし、「一燈を信じて暗夜を行く」、この瞬間ですね。私はこの瞬間を大事にしたいと思うんです。この瞬間を必死で生きている限り、自分は永遠に生きるだろうと。将来に対する不安もそれでなくなってしまって、もちろんこの次の瞬間、そこで足を滑らせて頭を打って私は死ぬかもしれない。しかし、そんなことを考えるんじゃなくて、今の瞬間を必死に生きることを大切にしたいと思います。ちょうど時間になりましたので、私の拙いお話をこれで終わらせていただきます。どうもご拝聴ありがとうございました。（拍手）

【注】

（注1）**敦盛**　幸若舞の演目のひとつ。

（注2）**好中球**　五種類ある白血球の一種類で、三種ある顆粒球の一つ。主に生体内に侵入してきた細菌や真菌類を貪食（飲み込む事）殺菌を行うことで、感染を防ぐ役割を果たす。

講演Ⅱ

いのち・いやし・いのり
―宗教と医療の根底にあるもの―

棚次　正和・京都府立医科大学教授

【略歴】

一九四九年　香川県生まれ。
一九七九年　京都大学大学院文学研究科（宗教学）博士課程単位取得。
一九九二年　筑波大学哲学・思想学系助教授。
一九九五年―一九九六年　シカゴ大学神学校・高等宗教研究所上級研究員。
一九九八年　筑波大学教授。
二〇〇二年　京都府立医科大学教授。

専門は宗教学。特に祈り、医学哲学、人体論、スピリチュアルケア論などを専門に研究。最近では、国際科学振興財団の村上和雄博士との共同研究「祈りと遺伝子」にも従事。

【著書等】

『宗教の哲学』創言社　一九九一年、『宗教の根源　祈りの人間論序説』世界思想社　一九九八年、『祈りの人間学　いきいきと生きる』世界思想社　二〇〇九年、『超越する実存　人間の存在構造と言語宇宙』春風社　二〇一四年、『新人間論の冒険　いのち・いやし・いのり』昭和堂　二〇一五年　他多数。

はじめに

ただいまご紹介にあずかりました京都府立医科大学の棚次と申します。よろしくお願いいたします。

今日は「いのち・いやし・いのり」について話をさせていただきます。落語の三題噺のようでもありますけども、この三つは互いに深いつながりがあるというお話になるかと思います。

それで、まず「いのち」についてお話しします。私は京都府立医科大学という将来医者を目指す学生を教育する大学に勤めております。そこで、医学準備教育をこの一〇年ほどやってまいりました。医学教育は六年間ですが、本学の場合、最初の一年半を医学以外の勉強をする医学準備教育、いわゆる教養教育にあて、この担当をしてきました。以前勤務しておりました筑波大学は総合大学でしたから、医科大学に来まして、最初は随分困惑いたしました。私はとうとう異界（医界）に紛れ込んでしまったという印象をまず持ったのです。異界というのはアナザーワールドですが、医学の世界メディカルワールドとしての医界ということでもあります。

一〇年ちょっと前に、宮崎駿監督の「千と千尋の神隠し」という映画が大ヒットしましたが、その中の主人公である千尋と自分を重ね合わせたわけです。

医科大学という異界

さて、医科大学のどこがはたして異界なのかという説明を、医学教育と医学研究、住環境という三つの点で説明いたしたいと思います。

異界というのはここに現界、この世があって、その周りを異界が取り巻いているというイメージです。教育については、教えるのが医学科の学生ということです。医学科には、理数系が大変得意な学生が集まってきています。これが他の学科の学生と大変違う点です。そして、そこで教えている科目は、どちらかというと自然科学が優遇されています。どういうことかと申しますと、自然科学の科目が必修科目になっているわけですね。それ以外の科目は選択してもいいし、選択しなくてもいいというような扱いになっています。これはどの医科大学でも同じだと思います。それから、医学専門教育と比べて、私が担当しているのは医学準備教育、いわゆる教養教育ですが、二流市民扱いを受けているかなという印象があります。これは、半ば自虐的にそういうことをおっしゃる先生もいらっしゃいますが、何となくそういうことを感じとっているということです。

次に研究面でいいますと、医療は医学の知識に基づいて行います。医療というのは患者さんが対象、人間が対象です。ただ医学となると、これは自然科学の中に位置づけられるんですね。自然科学というのは物理学とか化学、生物学、あるいは数学なんかも入ることがありますけども、こういう中に医学が位置づけられているわけです。

これは、私などの領域からするとちょっと違うのではないかと、医学はむしろ人間学であって、自然科学と人文・社会科学のちょうど中間に位置しているのではないかというのが私の理解です。ですから、私は人文科学担当ですけど、人文科学とか社会科学を担当している人は、なかなか医学研究者と研究の上で連携しづらいということがあります。これは方法論が違うということであります。

それから住環境については、私が常にいる場所は花園学舎（現在は下鴨に移転）といいまして、本校である医学の専門教育を行う河原町の施設から大体四キロぐらい西に行ったところにあります。距離はありますが、心理的に医学並びに医療の現場と近いという、心理的に非常に近接しているという印象があります。教授会とか各種委員会があるたびに本校に行きますし、大学院の授業や看護学科の授業も担当していますので、そのたびに本校に行くわけです。そこに行くと、附属病院がすぐ近くにありますから、たくさんの患者さんがいらっしゃり、白衣を着た医療従事者の方も随分たくさん歩いておられます。で、ここで一体何が行われているのだろうということが非常に気になるところです。

皆さんご存じのように、病院というのは、人生の非常に重要なところになっております。まず人は病院で生まれます。そして、病院の中でアンチエイジングの治療、病気の治療を受ける。そして、最後は病院で死んでいく方が多いわけです。今、病院死は全体の八割ぐらいを占めております。

ですから、平野先生のお話の中にもありましたけれども、生老病死という、生というのはこの世に誕生することですね、それから、老いること、病むこと、死ぬこと、これは仏教では、四つの苦しみ、四苦と呼んでいますね。この生老病死という四苦が集中している場所がまさに病院ということになるわけです。

生命といのち

それで、医科大学に異動しまして、私は、自己同一性が崩壊する危機に見舞われてしまったのです。いったい私が今までやってきたのは何だったのだろうか。今、目の前にしているこの現実は何だろうかということを考えたのです。ちょうど、千尋が異界に迷い込んで、「今日からお前は千だよ」というふうに名前が変えられますけども、それと同じような自己同一性の危機を感じたのです。いったい私はどのように振る舞ったらいいのだろうかと迷ったわけです。

どうも基本的なところの捉え方が違うなと思いました。生命あるものの身体あるいは物体というところに、どうも教育とか研究の中心が置かれている現状があります。現に医学科の学生に、生命というのはどうして生まれてきたのかを尋ねてみますと、当然、物質から生まれてきていると考えるわけです。無機物から有機物になり、さらにそこから高分子たんぱく質ができて、生命体というのができると考えているらしいんですね。これは、私のような哲学をやってきた人間からすると、ちょっとあり得ない発想なのです。

いのちというのはいのちから生まれてくるんですよね。そうした勉強を私は哲学を学ぶ中でやってきたのです。ですから、ここで大きなズレを感じたわけです。生命というものを物理化学的な現象に還元しないで、いのちという次元から捉えていくことを、学生諸君にはどうしても伝えないといけないと思ったのです。ここで、生命といのちを言葉として使い分けております。

それから、もう一つ感じましたのは、それぞれの学問が固有の視点を持っていまして、その視点から現象を分析していくわけです。人間を対象にしてそれをやっていきますと、それぞれの学問がそれぞれの切り口で、人間を分析していくわけです。そうすると、それぞれの学問の中で、固有の人間像というのができ上がってきます。これはバラバラに分断された人間像であり、全体として、人間とは一体何なのかということがさっぱりわからないんです。これはおかしいだろう。分断された人間像を一つの全体に統合することが必要だろうと思います。私の個人的な意見でございますけれども、自然科学の知見と人文・社会科学の知見の両方が一つに統合されるということが二一世紀前半の大きな課題になるのではないかと思っております。

先ほどお話ししたことと重なりますけども、例えば生きるということをテーマにした場合、それぞれの学問が違った視点を持って分析していくわけですね。ですから、それぞれの学問の切り口から撮影した断層写真がそこにでき上がっているのです。人間像としてはバラバラな断層写真ができ上がっているということですね。これをとにかく一つに統合しなければいけないと思っております。

今回、フジキン様のご協力によって、「宗教と科学の対話」という統一テーマの講座が開催されましたが、こうしたテーマが与えられたということは、私の問題意識からしても非常に大切なことであると思っております。

「生きる」ということ

生きるということに関して、大脳生理学の時実利彦先生は大脳の機能ということと結びつけて考えておられます。まず、「生きている姿」と「生きてゆく姿」という二つに分けます。

「生きている姿」は、静的なスタティックな植物的な生き方でして、大脳の働きとしては、反射の活動や調節作用を行う脳幹及び脊髄系が関わっています。

「生きてゆく姿」は、動物的あるいは人間的な生き方です。その「生きてゆく姿」をさらに、〝たくましく生きてゆく姿〟〝うまく生きてゆく姿〟、〝よく生きてゆく姿〟の三つに分けます。〝たくましく生きてゆく姿〟は本能的行動や情動が関係し、大脳の中の辺縁系というところが関わっています。それから、〝うまく生きてゆく姿〟は、これは大脳の新皮質系というところが関わり、ここで適応行動を行います。それから〝よく生きてゆく姿〟というのは、創造的行為が関わって、同じく大脳の新皮質系が関係しているということを説明しておられます。

このような説明をしましても、ちょっと違和感を感ずる人がいらっしゃるかもしれません。つまり、生きているというよりも、自分は生かされている、生かされてここで生きているんだ、という感覚をお持ちの方もいらっしゃいます。宗教的な感覚が目覚めていらっしゃる方は、そのようにおっしゃると思います。

「生きている」ことの三重の次元

私たちは、今ここで生きております。これを、哲学では実存と呼んでおります。英語でいうと、エグジスタンス（existence）ということです。ここで今生きているということは、実は三重の次元を含んでいるのだろうというのが私の理解です。

まず、「生命の次元」です。これは先ほどから話が出ていますが、自然科学が生命現象を扱うレベルです。多くは物理化学的現象に還元して、三人称的に対象を取り扱います。

それから、同じ生命的次元に含めてもいいのですが、生物学の場合は生命というよりはむしろ生存と言ったほうがいいかもしれませんね。厳しい生存競争をする、自然淘汰によって適者生存するという世界ですね。

もう一つの次元が「生活の次元」でして、これは、人間というのは一人で生きているわけではございません。必ず、ほかの人と一緒に生きています。人間は社会的な人間関係を切り結びながら生きている次元があるわけですね。これは「生活の次元」と呼べると思います。主に、この領域を研究しているのが社会科学です。社会科学も、やはり基本的には、三人称的に対象を取り扱うと思います。

そして最後の次元が「いのちの次元」です。わざと平仮名で「いのち」と書きたいと思います。ここで初めて、いのちの尊厳とかいのちの神聖性とかという価値が問われてくるんですね。この次元になって初めて、対象が一人称になります。つまり、この私のいのちというのが、学問として初めて対象になるのが人文科学のレベルです。人文科学と申しますと、哲学とか倫理学、宗教学、あるいは文学だとか芸術学の領域です。

それで、私たちは「いま　ここで　生きている」わけです。どこに場所を移動しようが、常にそれはここということになるわけですね。ここで今、生きているという、こういう実存が成立するためには、やはり三つの条件があるだろうと思います。

まず、「いま」という時間の契機があります。おぎゃあと生まれて、そして、息を引き取って死んでいく、この生と死の間の期間を人生と私たちは呼んでいるわけです。

「ここで」というところは、空間的契機に関わっていて、世界の中で有効に働く媒体としての身体がございますね。ですから、身体論的な捉え方がここで生まれてきます。

そして、「生きている」という人間の契機が関わっています。人間と書いて「じんかん」という読み方をします。要するにほかの人といろんな人間関係を切り結びながら生きているということです。しかも、その関係の中でいろんな行為をしたり、思いを持ったり、言葉を吐いたりしますので、その結果をまた自分が引き受けて生きていくということですので、その因果関係の総体、これが「じんかん」と呼べるものであります。

人《ひと》の存在構造と実存様態

では、人《ひと》というのは一体何だろうかと。これは私のイメージですけれども、人というのは、まず存在の中心があり、そこから光の矢が下に向かって放たれていて、存在の中心からこの先端までが人です。漢字を当てはめると霊が止まったということで「霊止」。

ひとの「ひ」というのは、まさにスピリットのことを日本語では指しているんですね。「ひ」のついた言葉、スピリットをあらわす言葉は日本語には幾つも残っています。「ひ」が天下って、この地にとどまったというのが、日本語としての「ひと」のもともとの意味です。

こうした矢印を持った光の矢は現在、地球上に七〇億ほど放たれているわけです。七〇億の人口ですので、こういう人と人との間の関係を人間（ジンカン）と読んでいるのです。

人の存在構造と実存様態

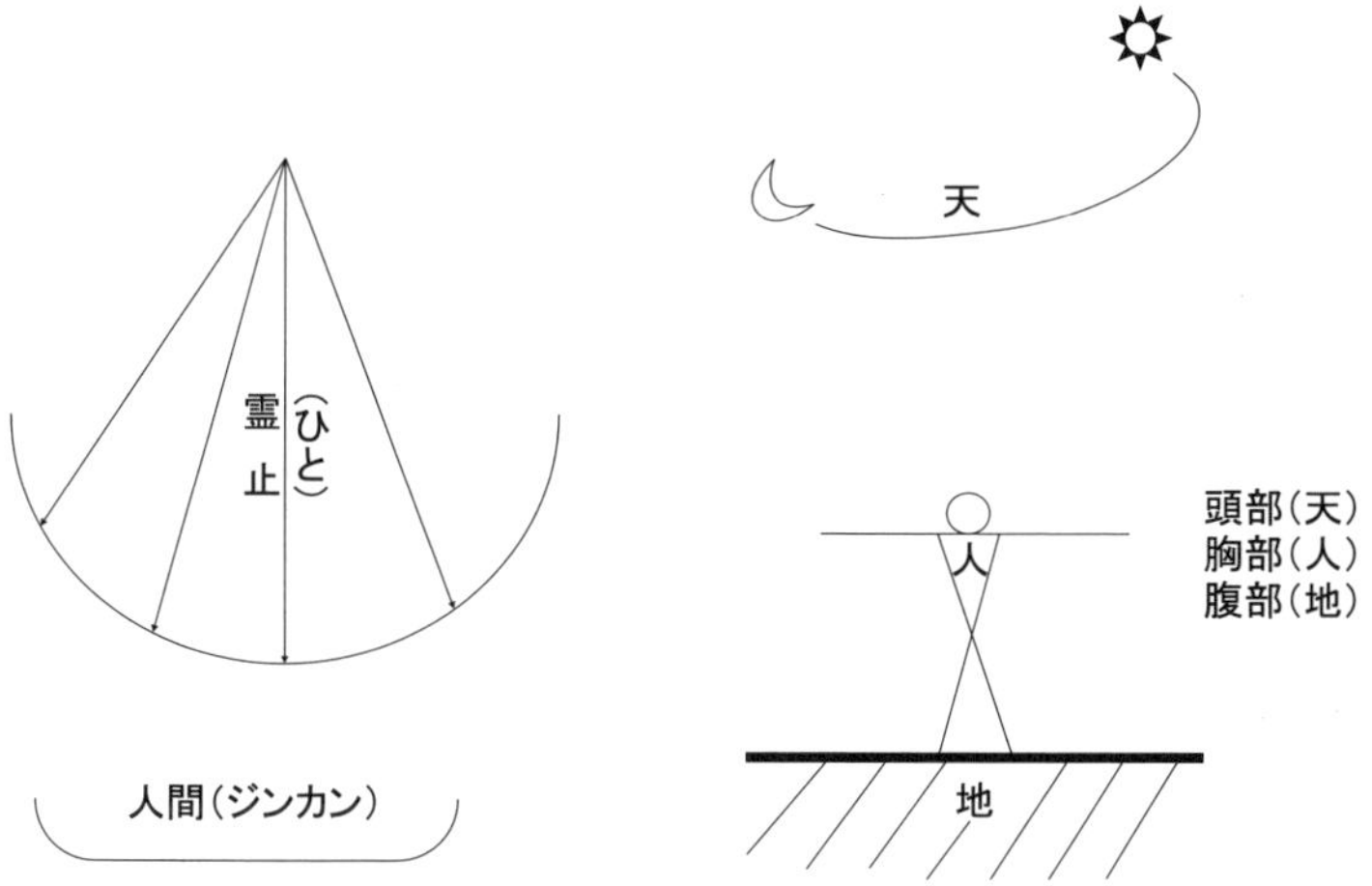

　そして、人間の実存様態をみると、基本的には天があります。空を見上げると天空が広がり、太陽があり月があります。いろんな星の中で、最も地球に大きな影響を及ぼす二つの天体です。次に、足元を見ると、大地が広がり悠然と構えています。この天と地の間に、人間というのは立っているというのが人間の実存的様態の基本形です。

　おもしろいのは、この人間の身体構造そのものに、天・地・人が含まれているということです。天に当たるのが、頭、頭部です。ここから天の陽気が流れ込んでくる。そして、胸部、これが人に相当します。そして、腹部、これが地ですね。足で立っていますけれども、座ると尾骶骨が大地とつながっていくわけですね。ですから、頭部、胸部、腹部に両手足がくっついているというのが人体の基本形になるかと思います。

　そして人間の存在構造を考えてみますと、やはり三重になっていると考えるのが一番わかりやす

人の存在構造、映写機の譬え

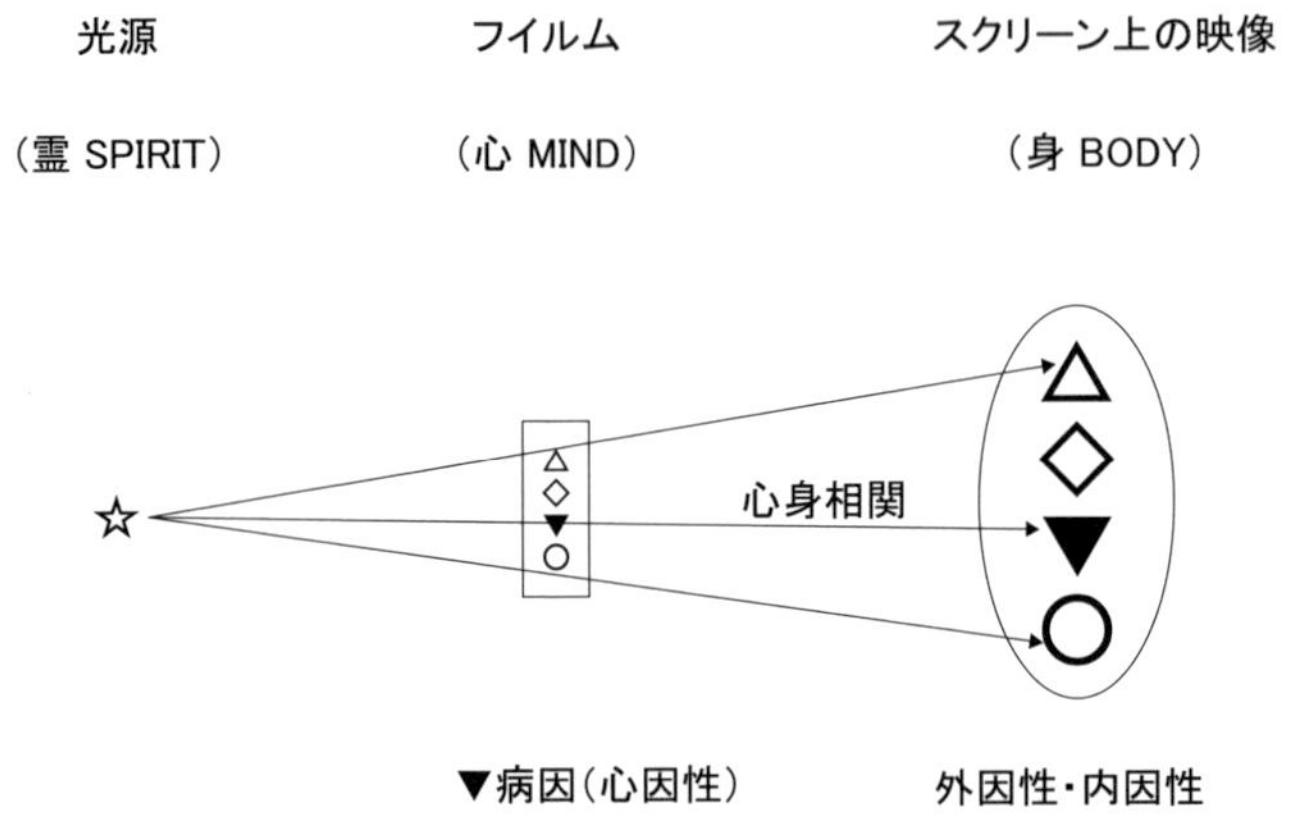

いと思っています。もちろん、これはいろんな説があって、五つとか七つとかに分ける人もいます。三以上は多数に含まれ、三が多数を生み出します。

老子の言葉に、「道は一を生じ、一は二を生じ、三は万物を生ず」というものがあります。三が万物の多数を生むので、多数というのは最終的には三に還元されると思います。

さて、先ほど言ったこととつながってくる話ですけれど、人間の中心部分は映写機に例えると、光源なんですね。これが人間の存在の核心部分です。これをスピリット、霊と呼んでいい次元だと思います。ここから光が放たれてフィルムにあたります。フィルムに相当するのが心、マインドです。ここで、私たちは日々いろんなことを思っていますので、いろんな心模様がフィルムに描かれていくわけです。いろんな形の調和したものもあれば、不調和なものもある。フィルムに描かれたものが、スクリーン上に映像として映し出される。

このスクリーンに当たるのが体、ボディーに当たります。

心因性の病気を考えてみますと、もともと心（フィルム）に病気の原因があって、それが身体上に生じて病気となってあらわれてくるということです。もちろん、病気の原因は外因性のものもあれば、内因性といって遺伝の素因がかかわってくるケースもあります。現代に入って、がんとかエイズとか非常に深刻な病がありますが、それらはおそらく心因性のものが本当の原因だろうと思っています。もちろん、ウイルスが関係するのは、免疫力が低下しているわけです。なぜ低下しているかというと、ストレスを持続的に受けているということだろうと思います。だから、メンタルな次元、心の次元に病気の原因がある場合が多いと思います。

もし、そうであるならば、このスクリーン上の映像をいくらいじっても、基本的には完治しません。どこを治すかというと、心の次元であるフィルムの部分を修正するほかないという話になるのだろうと思います。

生をどう捉えるか―機械論と生気論

ちなみに、医学辞典で「生（命）」とか「ライフ」がどのような定義になっているか調べると、ステッドマンの医学大辞典は、「生命、生存、生活（生きていることの根源的状態、代謝、発達、生殖、適応、刺激に対する反応などの諸機能によって特徴付けられる存在の状態）」と解説しています。まさに、医学的な生命の定義だと思います。もう一つ、南山堂の医学大辞典を見ますと、残念ながら「生命」の項目は一つもありません。それから、「ライフサイエンス」、「ライフサイクル」

という言葉はあるけれども、「ライフ」そのものの定義は一切なされておりません。これが今の医学の現状なのだろうと思います。

生をどう捉えるかについては、機械論と生気論が相対立しています。

機械論というのは、機械をモデルにして世界の現象を物理化学的法則に従って説明するものです。この機械論的発想でいくと、全体というのは部分の総和、部分を寄せ集めると全体に等しくなるというものです。したがって、機械の一部が破損もしくは機能不全になると、このパーツを換えれば何の問題もないという発想です。おそらく、今の医学の主流はこの機械論的発想だと思います。ご存じのように、二〇世紀の半ばごろにDNAの二重螺旋構造が発見されまして、それ以降、分子生物学が急速に発達し、その影響もあってか機械論的な生命の捉え方が今は主流となっています。

一方の生気論は、生命現象を、その生命、生物独自の因子から説明します。どんな因子かというと、目的、要するに、生物というのは何か目的を持って生きている、意図があるぞとか、あるいは霊魂というのがそこに宿っている、そういう要素から説明すべきだというものです。生命力とか生命エネルギーも、こういうところにつながってきます。この発想ですと、全体というのは部分の総和でなくて、総和以上であるとしています。部分を幾ら寄せ集めても全体にはならない、部分の次元と全体の次元は別次元だという捉え方です。

今は機械論が圧倒的に優位な状況に立っていますけれど、将来は、きっと生気論がもう一回復活して、機械論と生気論の両者の統合ということが行われると私は予想します。そうでないと、生命というものの奥行きが把握できないだろうと思っています。

生（life）の見方

■生物（生命体 ＝生命力＋物質）

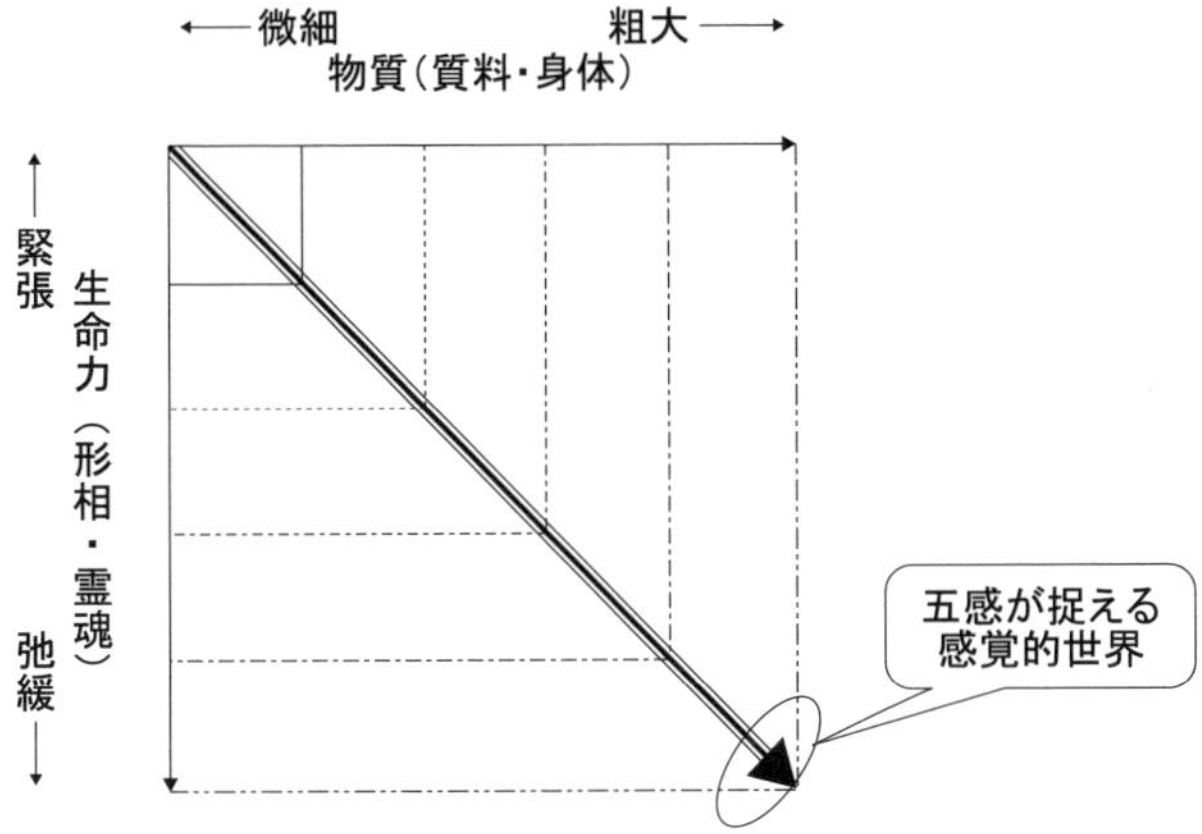

生命体の見方

　私は、生物（生命体）というのは、生命力と物質、この二つのベクトルの和であると考えています。生命力という縦軸では、上に行くほど緊張の度合いが高い、要するに周波数が高い。下に行くほど緊張が弛緩して、周波数が低い。こういう生命力のベクトルがあり、もう一方で物質のベクトルがあります。左へ行くほど微細な物質の波動で周波数が高く、右へ行くほど粗大で荒っぽい波動になり、周波数が低い。この両方のベクトルの和が生命体であると考えているのです。

　ですから、この発想でいきますと、どの段階でもそれぞれ一つボディーがあり、ボディーが幾つかの次元に重なり合って存在しているという発想になってくるんですよね。生命体のベクトルの矢印の先端に肉体があり、私たちが見たり、聞いたり、触れたりしている五感的世界が広がっている

生（life）の見方

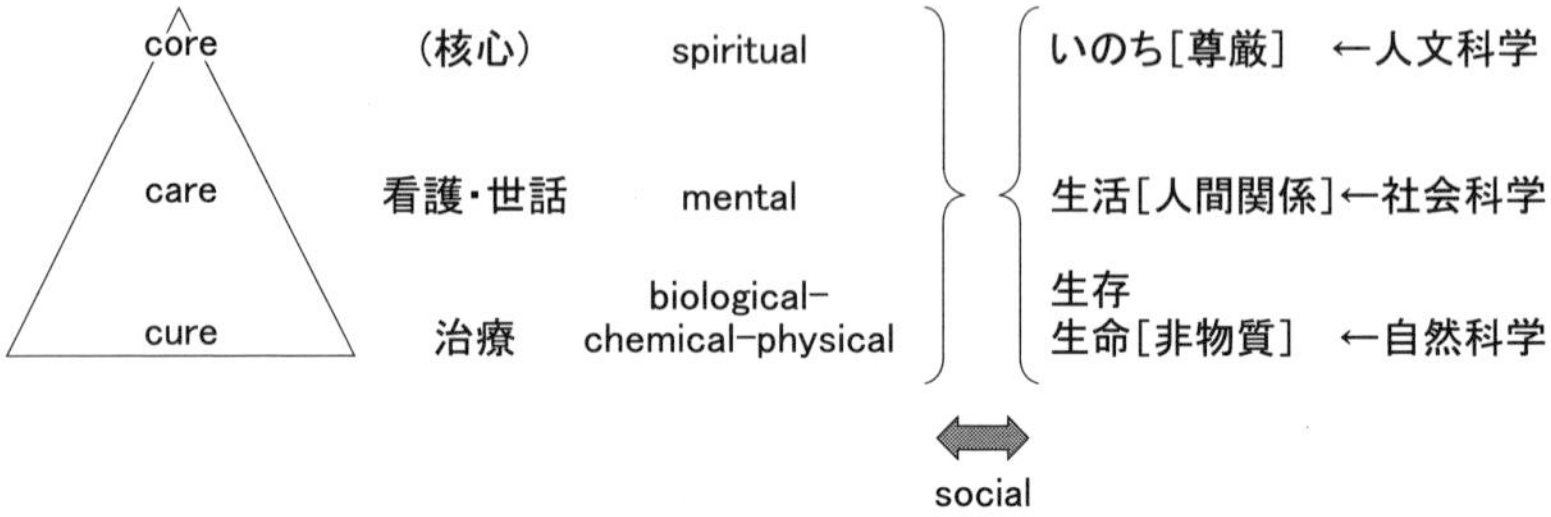

ホリスティック（holistic）とは、physical、mental、social、spiritualの次元のすべてを視野に入れるということ。本当の全人的医療（holistic medicine）。

のです。実はその中に、もっと周波数の高いボディーが幾つも重なり合っていると思われるのですね。これは一部では、肉体に近いがもう少し細かい波動でエーテル体と言ったり、あるいは、アストラル体、メンタル体、コーザル体とか、いろんな呼び名が学者によってありますけども、こういうボディーが重なり合ったものが人体だと捉えることができます。

人間が内蔵している三重の次元

これまでの話を総合しますと、まず生命の次元があり、生活の次元があり、平仮名で「いのち」と書く次元があり、人間はこの生命、生活、「いのち」の次元を持っているのです。別の表現でいうと、生命の次元に関わるのがフィジカルな次元で自然科学が考察している領域です。それから、メンタルな次元、心の次元というのも人間は明らかに持っています。

一般的には、心身二元論で説明するのが普通かと思いますが、私はやはりその奥にもう一つ、スピリチュアルな次元というのを考えないと、最終的には何もわからないのではないかと考えております。だから、一個の人間はフィジカルな次元とメンタルな次元、スピリチュアルな次元という三重の次元を内蔵している。こういう人がもう一人の人とかかわり合うときにソーシャルな次元というのが開かれてくるわけですね。

医療の領域でいいますと、フィジカルなボディーを治療するキュア（治療）というのがございます。今はキュアだけでなくケアを重視しなさいという流れになっています。ケアの領域を主に担当しているのは看護師さんをはじめとする医療従事者の方々です。その奥に、コア、核心があります。存在の核心としてのスピリットの次元がある。人間をそういうふうに捉えるべきだと思っております。

本日の講演者である帯津先生は、ホリスティック医学を提唱されています。ホリスティックというのは、フィジカル、メンタル、ソーシャル、それからスピリチュアルという四つの次元を全て含んだものがホリスティックという意味です。欧米の学者はこのような理解をしているように思いますが、日本の先生方は、ホリスティック医学といった場合に、必ずしもスピリチュアルを入れていないんですね。これを飛ばしているのです。わからないから飛ばすわけですね。

そういう観点から見ると、本当の意味でのホリスティックメディシン、日本語訳として全人的医療は、まだまだ日本には根づいていません。これから帯津先生のような先達のご努力によって根づいていくと思います。

「いやし」の「い」の意味は生命力

今までは「いのち」の話でした。これから「いやし」と「いのり」について少しお話しいたします。

癒しのブームですね。癒しのヒーリンググッズがよく売れているようです。癒しの空間、癒しの時間、癒しの香りなど、いろいろな宣伝文句をよく耳にしますが、癒しというときに、単に身も心も癒されたというだけでは済まないものが、そこには含まれているのではないか、というのが私の見方です。

なぜかというと、「いやし」の「い」という言葉は、生命エネルギー、生命力という意味です。つまり、「癒ゆ」（癒える）とは、「い」という生命エネルギーが滞りなく円滑に循環して、心と体の不調和な状態が治ることなのです。そして、癒しの原理を探求していくと、心身の相関関係の根底に働いているものは何かということを問わざるを得ないんですね。そうすると、これはこの生命力の根源とは何か、治癒の原理は何なのかという話になります。

フィジカルなボディーは割と狭い領域です。心の領域のほうがそれよりもはるかに大きくてボディーを包み込んでいます。心身の二者の関係だけでは解決できない問題がいっぱいあります。なぜ心身相関が成立し得るのかという根拠を尋ねていくと、さらにその奥に両者を包み込んでいる何か不可思議なもの、何か大いなるものがある。村上和雄先生の言葉でいうと、「サムシング・グレート」、あるいはスピリットと言ってもいいし、無限なるもの、永遠なるもの、絶対的なるものと言ってもいいですが、何かそういうものに思い至るということがないと、本当の意味での「いやし」にはならないのではないかと思うんですね。単に、癒しの香りによって癒されて、それで終わりというレベルのものではあるまいと思っております。

「いのり」は人間の自然本性に由来する行為

最後に「いのり」についてですけれども、「いのり」というのは、私の理解するところでは、「いきいきと生きること」が「いのり」であります。「いのり」は願いとか念力ではありません。「願い・念力」には、自我の欲望が絡みついてどうしても自分中心の願いになってしまいます。そうした自我の欲望が消え去ったところから初めて「いのり」というのが始まるという理解です。それから、「いのり」は「心の中の出来事」ではありません。「心の中の出来事」だというときには、所詮、それは世界を変えない、行動ではない、世の中は祈ったぐらいでは変わらないという前提があると思うのですが、そうではないんですね。

私の理解する「いのり」は、世界そのものをつくりかえる、創造する、そういう創造の原理を秘めたものです。私は「いのり」を特定の宗教の枠の中に限定しないほうがいい、「いのり」は人間の自然本性に由来する行為であると捉えるべきだと思います。ちょうど、鳥が大空を舞い、魚が水中を泳ぐのが彼らの自然本性によるように、人間が祈るというのも人間の自然本性によるものだという理解です。

なぜそうなるかというと、祈りの語源は「いのちの宣言」という意味なのです。「いのち」の端的な姿は息をするということでありまして、誰でも息をしているわけですから、息をするように祈る、祈るように息をするというのが、おそらく「いのり」の本来の姿だと思います。ですから、通常私たちは呼吸を自然にしていますが、この自然呼吸を改めて意識化して、生命《いのち》をその根源から生きる、息をするという、これが「いのり」ということであり、わかりやすく言うと「いきいきと生きる」ということ。これが「いのり」だと考えます。

「い」という語のネットワーク

この「いのち」の意味と「い」という語のネットワークについて説明します。「い」というのは、先ほど説明しました生命エネルギー、息と言ってもいいし、神聖なものという意味もあります。「の」は格助詞で、「ち」は力、勢いという意味です。息の力が「いのち」という言葉のもとの意味ですね。

それから、「いやし」、これは「い」という先ほどのいのちの「い」と同じです。「いのり」というのも、息であり、神聖な「い」という言葉に「の（宣）り」、宣言するというのがくっつきます。面白いのですけども、こういう「い」という生命エネルギーに関する語彙のネットワークが、日本の古代にあったのだろうと思います。いき、いのち、いのる、い（癒）える、いこう、いきる、いきおい、あるいは、い（言）う、いきどおる、いぶき、いつ（斎）く、いわう、い（斎・忌）む、いつ（稜威・厳）、これ以外にもたくさんあると思いますが、こういう「い」という言葉に着目すると、古代日本の生命観が姿をあらわすのではないかと思います。

人間はスピリチュアルな存在である

宗教と医療の根底にあるものを考えますと、「いのち」、「いやし」、「いのり」を貫いて流れているものは、「い（息・斎）」という聖なる生命力・生命エネルギーです。それから、宗教と医療を貫いて根底で流れているものも、同じ「い（息・斎）」という聖なる生命エネルギーです。そうすると、今後の我々の大きな課題になってくるのは宗教、あるいは、スピリチュアリティー、霊性と言ってもいいですが、それと医療の連携ということだろうと思います。

「いのち」ということでいうと、いのちの根源に対して眼差しを向けるべきだと思っております。ここで根源性が出ます。

「いやし」でいうと、ホリスティックな全人的な人間観というものを回復すべきだと思います。全体性というのがここで出てきます。

「いのり」でいうと、祈りは現実を変える力を持っているということで、祈りの治癒効果を検証して、これを医療に活用していくということ、これが今後の課題になるのだろうと思います。ここでは現実性ということが問題になります。

ここで、白鳥哲監督の映画「祈り～サムシング・グレートとの対話～」の予告編をちょっと見ていただきたいと思います。

――（「祈り～サムシング・グレートとの対話～」の予告編を上映）――

村上和雄先生は二〇〇二年に「心と遺伝子研究会」を立ち上げられて、心のありようが遺伝子の発現、スイッチオン・オフに影響を与えているのではないかという仮説を立てられ、その仮説の検証をなさろうとしておられます。その研究の延長線上で、「祈り」、例えば「感謝の祈りと遺伝子」というような研究テーマを構想しておられます。

少し話が飛びましたが、何が言いたいかといいますと、人間はスピリチュアルな存在であるという、要するに、自分のスピリチュアリティーを自覚することが大事だということです。言葉を換えて言うと、自分の中に無限なる可能性があるということ、これに気づくということですね。

もう一つは、人生の目的、目標をクリアに持つということです。学生諸君にも勧めています。これは生きる意味ということにつながってきます。それから、私がいつもやっていることですが、一日の初めと終わりに「平和と感謝の祈り」をすることによって、生きる上でのズレやブレを修正することができると考えております。

ちょっとこれは宣伝ですけども、村上和雄先生との共著『人は何のために「祈る」のか』、私の『祈りの人間学―いきいきと生きる―』という本が出ていますので、ご関心のある方はどうぞお読みいただければと思います。

以上でございます。どうもご清聴ありがとうございました。（拍手）

講演Ⅲ

地球の自然治癒力の回復を目指して

帯津　良一・帯津三敬病院名誉院長

【略歴】

一九三六年　埼玉県生まれ。

一九六一年　東京大学医学部卒業後、東京大学第三外科助手、都立駒込病院外科医長。

一九八二年　帯津三敬病院設立　現在は名誉院長。

日本ホリスティック医学会会長、日本ホメオパシー医学会理事長を歴任。

西洋医学に中国の医学や代替療法を取り入れ、医療の東西融合という新機軸を基に、がん患者などの治療に当たる人間をまるごと捉えるホリスティック医療の第一人者。

【著書】

『自分の体は自分で治せる　ホリスティック医療の現場から』実務教育出版　一九九四年、『自然治癒力の驚異』講談社　一九九六年、『大養生　スピリチュアルに生きる』太陽企画出版　二〇〇八年、『生きる勇気、死ぬ元気』五木寛之共著　平凡社　二〇〇九年、など多数。

はじめに

皆さん、こんにちは。帯津でございます。

今日は地球の「場の自然治癒力の回復」について、少しお話しさせていただきます。

私が申すまでもなく、今、地球という「場の自然治癒力」が非常に落ちております。天災を見ても、紛争を見ても、あるいは、政治経済を見ても、我々が身を置く医療についても、非常に殺伐たるものになってきております。この辺で自然治癒力を回復しないと大変なことになるのではないかという気持ちもないではないので演題にさせていただきました。

それと、私、ホリスティック医学を目指して三〇年、これを追い求めてきました。先ほど、棚次先生がホリスティック医学について触れられましたので、話の続きとして、ホリスティック医学の話から入らせていただきます。

ホリスティック医学とは

私は、三〇年前の一一月、帯津三敬病院を設立し、そこからホリスティック医学を目指して、現在に至っております。ところが、まだ一つの方法論としてのホリスティック医学を手にしてはおりません。生きているうちは無理かなという気になってきているのですが、それでも寂しくないのは、ホリスティック医学を求めてきた一日一日が、私にとってはホリスティックな日々だったと今、思い返すことができるからです。

私がいつもこういうことを言っていましたら、作家の田口ランディさんが、「ホリスティック医学は形ではありません」と、ちょっと怒られちゃったんですけど……。彼女の言葉を私なりに少し脚色してお話ししますと、〝要するに患者さんを中心に、ご家族とか友人の方、あるいはさまざまな医療者が織りなす場の中で、それぞれの当事者が、それぞれの生と死の物語を展開していく、これがホリスティック医学ですよ〟と。私もそのとおりだと思いましたね。さすが作家の方はうまい具合に話してくれるなと思いました。ホリスティック医学が普及していったときに、きっとそのような形になるであろうと感じております。

ただ、我々としてはやっぱり一つの方法論、一つのシステム、あるいは一つのスタイルとしてのホリスティック医学を手にしてみたいという気持ちが片方に依然としてあるわけです。それで、今日は、ホリスティック医学をやるうえで、非常に大切な空間あるいは場ということに焦点を当ててお話しさせていただきます。

虚空と白隠さん

空間といいますと、まず、虚空ですね。虚空は仏教の言葉です。辞書には〝何もない空間、あるいは一切の事物を包含してこれを妨げない特性を持つ〟とあります。

私が虚空に初めてぶつかったのは、実は、白隠（注1）さんなんです。どうして白隠さんにたどり着いたかを少々お話しさせていただきます。

私は約半世紀前に外科医になって間もなく、八光流柔術という柔術に出会いました。あまり知られてない柔術なので、ご存じない方が多いだろうと思いますが、要するに、相手の治療点、針・灸でいう経絡とかツボが攻撃点になるわけです。相手の治療点に瞬間刺激をドンと当てて倒すわけです。ですから、これはまず相手の経絡とツボを知らないといけません。ただ、これはそんなに難しくありません。経絡とツボには個人差というのはそうありませんし、大体そこだと思えば、そう大きくは間違ってないわけです。

ところが、この瞬間刺激が難しいのです。手がそのツボや経絡に触れたとたんに、一気に臍下丹田（注2）の気を触れたとこへ持っていくわけですが、これがなかなかうまくはいきません。やはり心の持ちようというのが非常に影響してきます。相手が弱そうに見えると、〝だっ〟とうまくいきます。少し手ごわそうな相手だと、おのずから構えが出てきちゃって、うまくいきません。

ただ、これは健康法、あるいは慢性疾患を克服するうえで良いなと私が目をつけたのは、投げ飛ばされる人は、経絡やツボに刺激を受けて、〝ぎゃっ〟と言って、どんと投げ飛ばされます。投げ飛ばされて病を克服し、健康になるということで、努力は全然要らないわけです。修行も要りません。ただ、どんと投げられて、それで治療されたことになるので、こんないい健康法あるいは治療法はないだろうというので、病院をつくるときに、気功の道場をつくって、そこで八光流柔術も始めたんです。

患者さんを連れてきては投げ飛ばすわけです。すると患者さんは、〝ぎゃっ〟と言って倒れますが、瞬間刺激だけですから体を痛めるわけじゃありません。投げ飛ばされて畳の上で大の字になったときにはもう全然痛くない。だから、みんな笑い出す。あの痛さは何だったんだろうと。これをどんどんやり始めたのですが、投げ飛ばされた患者さんはもう二度と来ない。それで、私が回診に行って怒るんですよ。「あんただめだよ、ちゃんと来なきゃ」と。「わかってます」と、みんな神妙な顔して、主治医に逆らえないものですからね。それで、「先生の言うことはよくわかります。だけど、この年をしてあんな痛い思いをしたくありません」と。確かにそうですね。それで、私の八光流柔術のクラスはあっという間になくなりました。

そこで思いついたのが、こういう技とか芸事には固有の呼吸というものがあるのではないか。これをマスターするのが早道なのかもしれないと思ったわけですね。ただ、この場合の呼吸は、吸ったり吐いたりの呼吸じゃなくて、間合いあるいはコツという意味だろうと思います。亡くなられた発生学、解剖学の三木成夫先生が、吸ったり吐いたりの呼吸と、間合いとの間に深い関係があることについて、いろんなところで書いていらっしゃるものを見て、私はその呼吸を身につけなきゃいけないと思って呼吸法を習いに行ったのです。

その呼吸法が丹田呼吸法です。この呼吸法は、明治時代に藤田霊斎先生が始めて、ちょうど私が習いに行ったときは村木弘昌先生が、調和道丹田呼吸法の会の会長をなさっていました。そこで、その門を叩いたわけです。因みに調和道丹田呼吸法をはじめた藤田霊斎先生は、真言宗智山派のお坊さんと伝えられております。

その藤田霊斎先生が非常に参考にしたのが、白隠さんの「内観の法」だと思います。村木先生もしきりに白隠さんの『夜船閑話』を紹介し、読んで聞かせておられたので、自然に私はそちらに入っていったわけですね。呼吸法をやっていますから、「内観の法」は丹田呼吸法あるいは気功としては、非常に基本的なすばらしいものだと思います。

ただ、白隠さんは、それをやって修行で身を痛めることのないように、いつまでも健康で修行を全うできるようにと、若いお坊さんたちに教えられたそうですが、そのすぐ後で「そういうことばっかりやっていて長生きをしようたって、いつまでも生きているわけにいかないんだから、それよりは虚空と一体となれ、生きながらにして虚空と一体となれ」と言うわけですよね。そのくだりである「虚空に先立って死せず、虚空に遅れて生ぜざる底の不退堅固の真法身を打殺し」というところが非常に好きで、虚空になじんでいったわけです。

柔術に強くなろうと思って呼吸法を始めたのに、この虚空にぶつかってみたら、呼吸法のほうが好きになってきちゃったんですね。柔術はどっちにしても、そう強くなったってたいしたことはないじゃないかという気になり、呼吸法をやり出し、中国医学によるがん治療の視察に行ったときに、気功に出会い、気功に引かれていくわけです。そういうわけでまず、白隠さんに虚空を教えられたのです。

私、外科医のころは、食道がんが専門で手術ばかりしていましたが、患者さんのがんが再発してくると少し興味は薄れてくるんです。再発してから手術することはないですからね。まして、だんだん衰弱して亡くなりそうになると、なお興味はなくなってくる。冷たい医者だったと思いますね。

そういうことで、私は患者さんが亡くなる場面に詰めていたわけではありません。ところが、ホリスティック医学を始めてみると、治す人と壊れた機械という間柄じゃなくて、命と命の絡み合いになってきますから、戦友の関係になってくるわけです。患者さんと私は戦友なのです。戦友が倒れるときはそばにいてあげたいというのが人情なのです。

ですから、昔はどなたかが亡くなりそうになると、必ず、そばにいることにしておりました。医学的な処置は当直の医師や担当医が行いますので、私はただ黙って見送るだけです。ですから、今日どなたかが亡くなりそうだと思うと、うちへ帰らないで、部屋で寝たりしているわけです。それで、亡くなったというとぱっと行って、そばにいるわけですけど、亡くならない場合は、またもう一晩泊まったりして、結構、大変でした。

そういうことで、患者さんが逝くときの表情をじっと眺めている時間が長かったのです。亡くなられた方は、ものすごくいい人相になります。早い人は一分ぐらいで。長い人は一時間ぐらいかかる人もいます。一時間ぐらいたって、この人はあまりいい顔にならないなと思っていて、ふっと見るとパッといい顔になったりしているんですよね。

これはどういう顔なのだろう。想像するに、この世でのお勤めを果たして、ふるさとへこれから帰る安堵の顔なのだろうと。「志を果たして　いつの日にか帰らん　山は青きふるさと　水は清きふるさと」。患者さんの顔を見ていて、これを思い出すようになりました。その次に考えたのは、ふるさとはどこだろう、この人が今行こうとしているところはどこだろうと思うようになりました。それが白隠さんの虚空と結びついたわけです。そうか、虚空なんだと思いました。

モンゴルでの虚空との出会い

その次に虚空と出会うのが、モンゴルの大草原です。私がおつきあいしているモンゴルは、朝青龍さんのモンゴルじゃなくて、山を隔てた南側に広がる中国領です。内モンゴル自治区の草原です。ここに初めてお邪魔したのが一九八七年、内モンゴル自治区のホロンバイル盟でした。盟は行政単位で、ホロンバイル盟というのは、ホロンバイル大草原が有名です。そこの中心都市であるハイラルという町の盟立病院に附属のがんセンターができたのです。そこで、日本の援助で設立された北京の中日友好医院という大きな病院の副院長をしていた友人が、そこに行くに当たって私も一緒に行ってくれないかと、講演を一つしてくれればいいからと頼まれたわけです。で、北京からモスクワ行きの国際列車に乗り込み、三五時間かけて行きました。

向こうに着き、私は講演をして二、三日滞在して帰るものとばっかり思っていましたら、日程の中に、私が食道がんの手術を執刀するというのが入っているんですよね。もちろん、私は患者さんを見たこともないし、即座にお断りしました。手術というのは、ただ切ればいいというものじゃありません。患者さんが人心地ついて、ものを食べたり、病院の中をゆったりと歩き始めるまでは執刀者の責任ですから、この日程からいくと、ちょっとそれはできないのでお断りしたいと申しました。ところが、彼らは全く譲りません。術後の管理は我々がしっかりやるから、そんなこと言わずにやってくれと。もうホロンバイル中の外科医にお触れを出しちゃったから、みんな見に来ると言うのです。だから、今さらやらないと言われても困ると。それで、押し問答を一日半やりまして、これは今思い出しても実に切ないですね。いや、やるわけにはいかない、なかなか相手は引き下がらない、あまりやらないと言っていると、やれないと思われるのではないかなんて、そんな思いも出てきたりしましたね。

そしたら、一日半たったところで、たまたま盟の共産党の書記の方が、私を歓迎する昼食会を開いてくださった。そうしましたら病院の幹部の人たちが、書記の先生に私が執刀するように先生から説得してくださいと頼んでいるわけです。それで、書記の先生が私にどういう話なのですかと言うから、私、今申し上げたようなことをすっかりお話ししました。そうしましたら、さすがに書記の先生ですね。一、二分、ちょっと黙っていたと思ったら、「これは帯津先生のほうが正しい」とひとこと言ったんですよね。「あなた方も見習わなきゃいけない」。この鶴の一声で決まりでした。私は執刀しないで、助手として入って手術は無事に終わりました。

何を言いたいかといいますと、私がかたくなに最後まで、手術の執刀を引き受けなかったことを、外科の連中はみんな評価してくれたわけです。それは外科医としてのみんな気持ちは同じだということと、彼らとしてみれば、どこの馬の骨かわからないのがやってきて、彼らのかわりに手術をするというのは面白いわけがない。そこで、最後まで、私が断り続けたということを評価してくれて、そこで友情が生まれました。ですから、手術をあのときやっていたら、モンゴルとのつきあいはきっと今はなかったろうと思います。

そうして草原に出ると、気分が晴れ晴れとして、草原の三色の世界を感じたんですね。これは本当に何とも言えない広々とした草原でした。そのとき私は「アラビアのロレンス」という映画の冒頭のシーンを思い出しました。「アラビアのロレンス」は草原じゃなく砂漠ですが、向こうに見えた黒い点が近づいてきて、だんだん大きくなり、人馬の形になって、なお近づいてくると、あのオマー・シャリフが馬に乗っているわけです。そのときはただ虚空を感じたわけではなく、ただロマンを感じただけで帰ってきました。

そうしましたら、向こうの外科の連中が私の川越の病院に留学させてくれという話が出てきまして、それで再び二年後に草原に出ました。そのときに虚空を感じたんですね。空の青と雲の白と草の緑の三色の世界ですけど、普通に立って見ていますと、空はライトブルーです。ところが、寝転んで上を見ると紺碧の空です。紺碧の空で、そこに虚空を感じたわけです。草の丈は、ちょうど顔がちょっと隠れる程度です。八月になっちゃうと、冬場の餌にするために一斉に刈り出します。そうすると、短い草になっちゃいますから、虚空の風情がなくなっちゃいます。それで、紺碧の空を見たときに、「あ、ここは虚空だ」と思ったわけです。それから、虚空に会いに、二年に一回ずつ草原を訪れています。虚空に会うだけです。何もしません。ボーっとしているだけです。

虚空を感じたのが一九八九年です。そして、一九九二年にある本屋さんで司馬遼太郎さんの『草原の記』という本を見つけました。その本の表の帯には「草原の王は言った。人はよく生き、よく死なねばならぬ。」と書いてありました。あれっと思って、私は本をとって、何気なく裏を返して見たら、帯に「生きとし生けるものは、なべて虚空に向かう。永遠なるもの、それは人間の記憶だけである。」と書いてあります。

司馬さんは、大学でモンゴル語を専攻したと記憶していますが、とにかくモンゴルに相当通じていますから、当然、虚空を感じられたのでしょう。ですが私としては、司馬さんの『草原の記』に影響を受けて、モンゴルに虚空を感じたと思われるのは困りますから、それをはっきりさせておきたくて、こういうときはすぐしゃべっておくことにしています。感じたのは、私のほうが早いということです。

とにかく、二年に一回、モンゴルに行っております。それで、この虚空が我々のふるさとであり、虚空からやってきて虚空に帰っていく、孤独なる旅人としての自分というものを考えているわけです。

体の中のすき間と「場」のエネルギー

虚空の話はこのくらいにして、次に体の中の空間についてお話ししたいと思います。私がまだ医者になりたての五〇年ぐらい前は、食道がんの手術は、時間はかかる、出血はする、術後の合併症は多いということで、本当に大変な手術だったんです。それが、私が駒込病院に赴任するころには、割とスマートな手術になり、胃がんの手術とあまり変わらないようになっていました。術前の検査も進歩するし、術後の管理も進歩する。全てがうまくいくようになっていました。それなのに、治療成績はあまり変わらないのです。

手術の前後、あるいは周囲が進歩しているのに治療成績に反映されないのは、西洋医学には限界があると思い、その限界を考えていきますと、西洋医学は部分を見ることにおいては非常にたけた医学ですけど、部分と部分との間のつながりを見落としていると考えたわけです。

そのつながりを見る医学というのは中国医学です。中国医学の基本となる哲学は、陰陽学説、五行学説であり、これはまさにつながりを見る哲学なのです。それで、私は中国へ視察に行くことになるのですが、このことを駒込病院の仲間のドクターにわかってもらわないといけません。

どのように説明するか考えているうちに、この目に見えないつながりはどこにあるのだろうと思ったわけです。臓器と臓器、細胞と細胞、あるいは、遺伝子と遺伝子の間にあるつながりですね。目に見えないつながりがどこにあるかと思いめぐらせているうちに、はっと気がついたのは、体の中がすき間だらけだと。このすき間に存在するんだと。

例えば、横隔膜と肝臓の間にすき間があります。肝臓と胃袋の間にすき間がある。胃袋と大腸の間にすき間がある。要するに、おなかをあけた後、腹膜の中へ空気がさっと入ります。そうすると、全部すき間が浮き彫りになってくるわけですね。このすき間に何か生命の鍵があるのではないかと思ったのです。

当時、そうした文献に非常に詳しい浜松医大の高田明和さんという私と同じ年の生理学者に聞いてみました。「体の中のすき間を研究した論文というのはあるか」と聞いたら、「ない」と言うんですよね。「本当にないのか」と言ったら、怒って「ない」と。だから、何もなければ、何を言っても大丈夫だなと思って。

それで、私はそのすき間に、ちょうど電柱と電柱の間に張りめぐらされた電線のように、目に見えないつながりが重層しているのではないか。そうすると、これをずっと眺めていると、その目に見えないつながりの重層がネットワークになってきます。ネットワークがあると思ったわけですね。そして、今度は、「場」の権威である清水博さんとお会いしたときに、この話をしたら、清水さんが「場」だと言うんです。それで、私もぱっとわかった。ネットワークの網の目をどんどん小さくしていくと、場になるわけですね。それで、命の何か秘密がそこにあると、その「場」のエネルギーが命と考えていいのだろうと考えたわけです。

中国の書である『荘子』の養生主篇に庖丁の話が出てきます。魏の文恵君という王様の料理番に丁さんがいました。庖が料理番で、丁さんだから庖丁。これが切る包丁の語源だという説がありまます。また、丁まで入れて庖丁で料理番という説もあります。とにかく、その料理番が牛を一頭解体するのに非常にたけているということを文恵君が聞いて、丁さんを御前に呼び出した。丁さんが牛を一頭解体するのを見て、文恵君が見事なものだ、技もここまで極まれるものかと賛嘆すると、丁さんが、いや、私は技ではなくこれは道だと思っていますと言って話し出すわけです。

丁さんに言わせると、初めは夢中で解体しているうちに、体の中のいろんなところにすき間があることがわかってきた。すき間に包丁を滑らせると、ほとんど何も抵抗を感じないでさばいていける。そういうことをしているうちに、このすき間がだんだん大きく見えてきたと言うわけです。大きなすき間に薄い刃を滑らせるから、刀こぼれもしないし、非常にきれいにさばけるということを言うわけです。その文恵君が、今度はまた賛嘆して、これが養生だと言うわけです。

貝原益軒は、この話を自然のことわりに沿って物事は進めるのが良い、すき間に沿っていくということを、そのように解釈しています。横山大観は、そうでなくて、このすき間に宇宙を見たわけです。横山大観は日ごろから、宇宙が描かれてないような絵はだめだと、言っていたようですけど。まさに彼は庖丁の見たすき間に宇宙を感じたのだろうと思うんです

これが、体の中のすき間が虚空につながっていくわけですね。養生というのは、空間を意識していく「場」の問題だろうと考えたわけです。体の中にすき間がいっぱいあって、そこに「場」があ

ると。臓器を見ると、組織の「場」があって、細胞の「場」があって、遺伝子があって、分子、原子、素粒子と、体の中にずっとその階層の「場」があるわけですね。外に目を向けると、家庭や学校とかがあって、地域社会があり、国家がある。地球、宇宙、虚空というふうに、これも「場」が階層しています。

そうした中で、我々はこの「場」の中で生きていると。体の中に多くの「場」をはらみながら、外部のいろいろな「場」を移動して生きているわけです。清水博先生に言わせると、「場」は未来からやってくる。私たちが移動するというのではなくて、私たちを固定してみると、「場」のほうが次々と襲いかかってくる。それを取捨選択して、我々はそこに身を置くとか、あるいは、体をかわしてやり過ごすとか、そういうことをしながら生きているのだろうと思います。

実は、その「場」を選択するものが戦略的直観であると私は思っています。戦略的直観について少し説明をしておきます。クラゼヴィッツというプロシアの軍略家がいます。この人は一七八〇年生まれで随分古い人です。彼の『戦争論』は非常に緻密で、戦略を非常に大切にしています。彼の戦略の骨子は、これから戦争をするというときに、同じような状況の過去の例を全部集めるわけですね。歴史の先例にまず学び、歴史の先例を整理する。そして、平常心に戻って戦局を一瞥する。戦局、戦場をぱっと見るわけです。この一瞥でひらめくというのが、クラゼヴィッツの戦略の一番の骨子です。戦略的直観という言葉をつけたのは、クラゼヴィッツではありませんが、一瞥という感じで、ぱっと見て全部状況をつかむ。それが大事なのだろうと思うんです。

生命は生命場のエネルギー

ホリスティック医学というのは、実は、協会ができて二五年、私がホリスティック医学を求めて動き出したのが三〇年ですから、私のほうが古いわけですが、協会としては一九八七年にスタートし、今、二千人ぐらいの会員がいます。最初のころ、このホリスティック医学という言葉を、日本語に直そうと、二〇人ぐらいがホテルに泊まり込みで論議しましたが、結局まとまらなかったですね。しばらく片仮名でいきましょうということになったのです。

アンドルー・ワイル（注3）さんとか、この道のオピニオンリーダーの本を読むと、ボディー、マインド、スピリットというワードが出てきます。訳すと体と心と命ですが、上野圭一さんは身体性、精神性、霊性と訳しています。どちらにしても、ボディー、マインド、スピリットが一体となった人間まるごとをそっくり捉える医学であると考えればいいわけです。

体の中にはいろんな場があります。電磁場もあれば、重力場、各素粒子に合った場があります。中国医学の気が物理学的に証明されたとすれば、気場もあるわけです。そうして考えると、まだ発見されてないあるいは証明されていないにしても、命にかかわる物理量が分布して、命の場をつくっているだろう。私はこれをまとめて「生命場」と呼んでいます。生命場のエネルギーが生命だろうと。その生命、エネルギーが何らかの理由で低下したときに、これを回復すべく、生命場に本来的に備わっている能力、これを自然治癒力と考えればいいだろうと思ったわけです。ですから、生命と自然治癒力というのは生命場にあると。そして、心はどうかというと、心はこの刻々と変わる生命場の動きが脳細胞を通して外部に表現されたものと思えば、心もその本体は生命場である。そうすると、考えようによっては、場の一つの形態と考えてもいい身体があるわけですね。

自然治癒力は阿弥陀様の本願

病気の予防あるいは治療に大事になってくるのが自然治癒力です。誰に聞いても、自然治癒力の存在を否定する人はいません。かすり傷が何もしないで治るというのはみんな知っていますし、手術が成功するのは自然治癒力ですから、我々医師のテクニックじゃないですよね。糸を縫ったって、1週間もすればグズグズになっちゃいますからね。その間に、縫った頭と尻尾がちゃんと融合してくれりゃいいので。その融合する力は自然治癒力ですから。自然治癒力が普通に働くのを我々はサポートする、それが外科の手術です。だから、外科医はみんな自然治癒力には一目置いております。

自然治癒力は、ヒポクラテスのときから言われているわけです。ヒポクラテスは紀元前四五〇年ぐらいの人です。ローマのガレノスの時代になって、自然治癒力という言葉が生まれました。

そして、近代医学の祖と言われているウィリアム・ハーヴィーが、血液循環の本を書いたのは一六二八年。実は、これが今までの自然治癒力や、目に見えない命の根源のようなものを全部否定して、全部人間は機械であると、ウィリアム・ハーヴィーが言ったことになっています。しかし、ウィリアム・ハーヴィーが心臓に目をつけたのは、心臓にある生命のもとのようなもの、自然治癒力でもいいし、生命力のようなものを彼は求めようとしてこの研究を始めたのです。

いずれにしてもいろいろな方が自然治癒力にかかわってきているわけです。そのわりに、調べてみると何もわかってないですね。だから、自然治癒力もさきほどのすき間じゃありませんけど、何を言っても大丈夫だと思って、それでもう勝手に言うことにした。自然治癒力は本来的に場に備わった能力であると。エネルギーが落ちたとき、これを回復する。となると、何も人間の独占物ではない、生物の特性でもない、要するに場があればそこに自然治癒力があるのです。今、講演をしているこの講堂にも自然治癒力があるわけです。

病院にも自然治癒力があります。病院の自然治癒力が高くないと、ホリスティック医学の実は上がりません。だから、病院の「場」の自然治癒力を高めるということに我々は腐心しているわけです。では、どうすれば高まるか。それは当事者、職員の意識の問題ですね。職員が自らの命の「場」のエネルギーをしっかりと高めていく。そして、患者さんを前にしたら、しっかりした覚悟のほどを持って、患者さんを一歩でも二歩でも前に出す。そういうことをみんなが心がけることによって、病院の「場」の自然治癒力が上がっていくのです。

当然、地球の「場」にも自然治癒力があるわけです。「場」があれば必ず自然治癒力があるとすれば、一番自然治癒力が濃密にある場を探せばいいわけです。エネルギーの高い、いい場ですよ。そうすると、これは仏教でいう浄土になる。で、私は浄土を探せば自然治癒力が出てくるんじゃないかと。それで、いろいろ本を読んだけどわかりません。

私、東京大学のときに空手部で一緒に汗を流した人が、浄土真宗で親鸞仏教センターの所長をやっていまして、彼があるとき、本のゲラを送ってきました。こういう本を出すので序文を書いてくれないかと頼まれました。序文を書こうと思ってゲラを見たら、「浄土とは本願の場である」と書いてあります。浄土とは阿弥陀様の本願が満ち満ちている場である。なんだそうかと、自然治癒力とは阿弥陀様の本願のことだったんだ。一切の衆生を救おうとする力。そういうことに決めました。自然治癒力とは、阿弥陀様の本願である。だから、科学的な解明はちょっと無理だろうと、当分の間わからない。

自然治癒力と「かなしみ」

それで、一年ぐらいしたら、今度は藤原新也さんが、「生きとし生けるものが胸に抱いている悲しみの中に人を癒す力がある」と書いた。

実は、私は外科医のときは患者さんの心に思いをやるなんてことはありませんでした。私の技術で治すんだと。ところが、中国医学をやるようになって、人の顔をまじまじ見るようになって、人の心の中が少し読めるようになりました。すっかりは読めませんよ、ちょっとだけ。でも、これが病気の推移に非常に影響があるということがわかった。

私、そのときに大きな誤解をしたのですけれど、明るくて前向きな心が病状をよくすると思ったんですね。それで、心療内科の医師に頼んで、心理療法士を連れてチームをつくり、患者さんを明るく前向きな心を維持できるようにサポートすることを始めました。二〇年も前の時代ですから、サイモントン療法（注4）はすでにありましたけど、まだあまりこうしたがん患者さんの心理療法はほとんど言われてない時代ですから、うちのチームも試行錯誤でした。

私はそばで見ていてすぐわかりました。明るく前向きな心というのは間違いであったと。これは人間の本性ではないと。そこで人間の本性とは何だろうと思って、いろいろ本を読み、人を観察し、結局、人間の本性は悲しみだ、生きとし生けるものみんな悲しみを抱いて生きているという結論に至ったのです

ところが、このことは私が自分で気がついたように思っていましたけど、すでに気がついている先輩がおられた。私が二年ぐらい前に高野山大学の講演に急に呼ばれまして、こういう話をしたら、竹内整一さんという東大の倫理学の先生が、今日の先生の話を引用していいかと聞かれたので、こんな光栄な話はない、自由に使ってくれと言ったんです。後日、『「かなしみ」の哲学』という本が送られてきました。その中で、大先輩たちがみんな「かなしみ」について言及しています。西田哲学の西田幾多郎さん、評論家で英文学者の西脇順三郎さんなど、たくさんの方が人間の本性は「かなしみ」であるということを言及しているわけです。

それで、お互いの「かなしみ」を敬い合って生きることによって、地球の場の自然治癒力が上がり、病院の場の自然治癒力も上がってくる、医療がもっとぬくもりを持ってくると考えたわけです。

ですから、お互いに「かなしみ」を敬い合おうと、もう二〇年も言っているんですけどなかなか変わりません。そしたら、藤原新也さんが、かなしみに人を癒す力がある。なぜならば、そのかなしみの中には、己の心を犠牲にして、他者への限りない思いが存在すると彼は言うわけですね。となると、自然治癒力は、何だ、かなしみのことだったんだ。それで、あるときは本願、あるときはかなしみと。かなしみになっても、これを科学的に証明するのはかなり日数が要るだろうと。当分は信じていくしかないと思っていたのですが、どちらにしても、手がかりがあればエビデンス（証

拠・検証結果・臨床結果）を備えた手法によって明らかにしていくという努力はしないといけないと思っています。

「守りの養生」から「攻めの養生」

私は最近、幾つかのヒントを得ているのが、呼吸生理の東邦大学の有田秀穂さんのセロトニン説ですね。前頭前野からセロトニンという脳内物質が出て、ドーパミンが出て、ノルアドレナリンが出ると。有田さんの説によると、ドーパミンは人の意欲に関係している、ノルアドレナリンはストレスに対する集中力を高める。セロトニンは共感力、人に対する思いやりで、人間らしさを高めているわけですよ。だから、ここに何か自然治癒力の鍵があるのではないかと、有田さんに聞いたところ、有田さんは、「いや、私はあまり今まで自然治癒力は考えてないから」と。「じゃ、これから考えてくれ」と言ってきたんですけどね。

それから、もう一人は、分子生物学者で『生物と無生物のあいだ』や『動的平衡』の著書がある福岡伸一さんと対談したら、彼の動的平衡はどうも自然治癒力と関係あるのではないかと思えるんです。動的平衡というのは、体の中でものすごいダイナミズムが行われている。要するに、エントロピーが上がりかけたたんぱく質を壊しちゃうわけですよね。エントロピーを上がるままにしないで、壊して排泄しちゃう。そして、食べ物からたんぱく質を取り入れて、今壊して取り除いたそのあいたところへ新しいたんぱく質を築く。これは新しく築くわけですから、エントロピーは低いわけですよね。そういうことで、常に我々はエントロピーの増大の法則から逃れようとしている。でもいつかは追いつかれると、それが個体の死であるということを言っています。とにかく、彼は壊しては捨て、また新たにつくるというところの工程を動的平衡と言っているわけですけど、この動的平衡が何か自然治癒力に関係しているのかなと思い、福岡さんに聞きました。福岡さん、笑ってそうだともそうでないとも言わないんですけど。「少し、福岡さんも自然治癒力について考えてくださいよ」と言ったら、「はい」と言っていたから、考えてくれると思うんですけど、この辺が突破口になるかなという気もしています。

どっちにしても、我々は、その命の場のエネルギーを日々高め続けるという養生を果たしていかなきゃいけない。従来のように、消極的な養生じゃなくて、体をいたわって、病を未然に防いで、天寿を全うするという守りの養生ではなくて、これからは日々、命のエネルギーを高め続けるという攻めの養生をやっていくと。攻めの養生の途中に関所のようにして立ちはだかるのが生と死の統合。生と死の統合を生きながらにしてやるということが、私はホリスティック医学の目標だと思っているんです。その生と死の統合を果たそうとする志が青雲の志です。ですから、我々は青雲の志を抱きながら、常に攻めの養生を果たしていくという生き方をこれからやっていく。これは、また地球の自然治癒力の回復につながるわけです。

死に方のイメージ

死から目を背けていると、生も充実しないというか、病気の治り方も違ってきます。ですから、患者さんにはなるべく死から目を背けないようにと言っております。患者さんは死にたくなくて病院に来るわけなのに、死の話をするのは申しわけないのですが。私は、金曜日の夕方、名誉院長講話の時間があり、その場でいろいろお話をするのですが、死の話がどうしても多くなるんです。

今、患者さんに言っていることは、今すぐでなくても、やっぱりいつか何処かで死ぬわけだから、いい映画のラストシーンのようにしましょうと。「駅馬車」もいいし、「第三の男」、「カサブランカ」もいい。だから、みんな自分のラストシーンをいろいろつくっておいてくれと、イメージしておいてくれと。一つだと危ないから、場合によっては七つも八つも、と話しています。

私は五木寛之さんと話をすると、あの人とはすぐ死ぬときの話になります。彼は「野たれ死に」が理想だという。あんなにお金を持っていて、野たれ死にすることはないと思いますが、「お釈迦様と同じように林の中で野たれ死にしたい」と言うんですよね。「帯津さん、どうだ」と、「私も野たれ死にはいいですよ。狭いうちの中で死にたくない。広々とした空のもとのほうがいいだろう。だけど、林の中じゃちょっといかにも、私はまだそこまでいってない」と。「じゃ、どこで」と言うから、「谷中の居酒屋の前で倒れたい」と。居酒屋の前で扉に手をかけて倒れるというのが理想です。これから入って飲もうというときに、そこで、どんと倒れて。だけど、これですと、例えば長野県で死にそうになったときに谷中まで連れていけというわけにいきませんから、いろんな死に方をイメージしておいたほうがいいと思うんですね。

それから、我々、患者さんの死の恐怖をいかに和らげるかというのはいつも考えているわけですが、本当言うとあまり妙案はないのです。だけど、青木新門さんが、『納棺夫日記』の中で、死の恐怖を和らげることのできる人は、その患者さんよりも一歩でも二歩でも死に近いところに立てる人だと。我々医師はそうならなきゃいけないわけですね。どの患者さんよりも、死に近いところに立つためにはどうすればいいか。

アップル創業者のスティーブ・ジョブズさんも言っていましたけど、私も今日が最後の日だと思って生きるようになりました。今日が最後の日だと思って生きてみるといいですね。何がいいかというと、夕飯が楽しくなってきます。最後の晩餐になるわけです。だから、酒も一番いいのを飲むわけですよ。これが最後だから、二番目にいいのを飲んだんじゃもったいないですからね。毎晩、晩酌、晩餐が本当に楽しみですね。これだけでもよかったと思って。

ということで、地球の場の自然治癒力を高めるということは、晩酌の話になりましたけど、ご清聴ありがとうございました。（拍手）

【注】

（注1）**白隠　慧鶴**（はくいん えかく、一六八五年（貞享2年）－一七六八年（明和五年））臨済宗中興の祖と称される江戸中期の禅僧。

（注2）**臍下丹田**（せいかたんでん）へそのすぐ下あたりのところ。漢方医学では、ここに意識を集中して力を集めれば、健康を保ち勇気がわいてくるという。

（注3）**アンドルー・ワイル**　アメリカ合衆国の健康医学研究者、医学博士。伝統中国医学など代替医療の伝統も取り入れ、人間に本来備わっている自然治癒力を引き出すヘルスケア・システムである統合医療を提唱している。

（注4）**サイモントン療法**　米国の放射線腫瘍医で心理社会腫瘍医であるカール・サイモントン博士（O. CARL SIMONTON, M.D.）により開発された、がん患者と家族（または支援者）のための心理療法。近年では、がんのみならず、ストレスに起因するさまざまな病気に対してサイモントンのプログラムが提供されている。

シンポジウムⅠ

高野山大学フジキン小川修平記念講座第二回講演会

宇宙の摂理への想い——科学と宗教の立場から

左から鮎澤氏、棚次氏、帯津氏

パネリスト

棚次　正和・京都府立医科大学教授

帯津　良一・帯津三敬病院名誉院長

鮎澤　　聡・筑波技術大学准教授

【略歴】

一九六一年　福島県生まれ。

一九九四年　筑波大学大学院博士課程医学研究科卒業。

二〇〇一年　龍ケ崎済生会病院脳神経外科部長就任。

二〇〇五年　筑波大学大学院人間総合科学研究科講師。

二〇一二年　筑波技術大学保健科学部准教授。

専門領域は脳神経外科学、臨床神経電気生理学、統合医学。人体科学学会会長として活躍中。

「つながり」と「場」

司会　これより鮎澤先生をお迎えいたしまして、シンポジウムを開始させていただきます。まず初めに、鮎澤先生から本日三名の先生方のご講演に対するご感想、ご意見等がございましたらよろしくお願いしたいと思います。

鮎澤　こんにちは。鮎澤です。

私は以前に、清水博先生の「場の研究所」で研究をしていた時期があります。今日、帯津先生のお話を伺って思い出したのですが、清水先生が「君、帯津君という人を知っているかい。帯津君は君と同じようなことを言っているんだよ」とおっしゃったことがあります。ただ、帯津先生と私の少し違う点は、私の専門が脳神経外科であり、意識や生命といった問題とより関わりが深いということかも知れません。

我々の領域の患者さんには、頭部外傷や脳卒中といった脳機能損傷の方が多く、急性期の治療は非常に華々しいわけですけれども、帯津先生がおっしゃるように、慢性期の治療に関しては無力なのです。しかしながら、損傷した機能をどのようにしたら取り戻せるかということは、我々にとっても非常に大きなテーマです。例えば、意識障害や麻痺の治療で、脳の中に電極を挿入して、電気刺激を行う治療が試みられています。先ほど平野先生のご講演の中で、ロボットのアームが動くお話がありましたが、あのようなことは、我々が治療目的で頭の中に植え込んだ電極を使って実験的に行っているものです。脳の電気刺激で、確かにある程度良くなる方がいるのですが、外から機械で操作するという点で、ロボティックに感じられるところもあります。生命、あるいは生体の自律性を生かした機能再建とは、どのようにすればなされるのでしょうか。

機能と物質ということについて少し考えてみたいと思います。物質というのは「働くもの」ですね。一方、機能は、働き、あるいは「働き方」と言えます。ですから、物質には働き方の情報は内在しないわけです。情報の担体ではあるけれども、機能ではありません。先ほど帯津先生がセロトニンについてお話しされていましたが、セロトニンを幾ら調べてもそこに喜びも悲しみも人の意欲も見えない、わからないですね。機能ということを考える上では、ものに原因を押しつけるだけではだめなのです。遺伝子もそうです。どんなにゲノムが解明されても、遺伝子がどのように働くかということは、ゲノムを解読しただけではわからないのです。どうして私のこの指の先に顔ができないか、ゲノムの解明だけではわからない。ですから、遺伝子が生体においていかに適切に働くか、その機序を考えることが重要なわけです。

先ほど、機能は見えないという話をしました。我々は痛みの治療にもたずさわりますが、痛みというのは主観的な体験であって、見えないですね。同じように、喜びや悲しみも見えません。しかし、共に感じることはできそうです。機能とは、それまでの人生において自己組織化されてきたものであって、設計図がありません。しかし、人と人、あるいは環境との関係において創られてきたのだとしたら、機能はむしろ人や環境との関係に織り込まれていて、そこにつながることで損傷後の機能再建・再自己組織が可能になるのではないでしょうか。病気の人には治る力がなくても、周りの人が元気であり、そこにある種のつながりを持って一つの系となることで、患者を治癒に向かわせる機能を創り出すことができるかも知れません。痛みを例にとれば、痛みを共感することと同じです。また、先ほど帯津先生からモンゴルの草原でのお話がありましたが、大自然とつながることで、自然治癒力が導かれるのかも知れません。

では、その「つながり」とは何なのでしょうか。物理学では、離れたところでのつながりの記述に「場」という概念を用います。電磁場や重力場などがそれです。私も最初、電磁場を介したつながりという観点で研究を進めてきました。実際、確かに電磁場を介して人はつながっている側面があります。一方、身近なところで考えてみると、例えば今、隣の人とつながっているかどうか。隣の人とつながっているなんていうと、少し気持ちが悪い気もしますけれども、みんなで笑っているような状況では、何かつながっているような気にもなるのではないかと思います。あるいは、電線をつなげれば隣の人とつながっているのでしょうか。

それがどうかはさておくとして、我々はつながりを考えるときに、まず空間を用意しなくてはピンとこないのです。頭の中で、いわゆる三次元の空間を用意して、そこで何か電線なり何なりでつなげることをどうしても考えてしまう。時間についてもそうです。空間における変化を「時間が流れる」というように考えます。しかし、空間においてつながるのではなく、そもそも「つながっている」ということから出発して考えてみますと、時間と空間がまだ未分化な領域で人はつながっており、そのつながりから時間と空間が生成されると考えることはできないでしょうか。つながりから時空が生成されるダイナミクス、これを私は場と称していて、物理学でいう場とは少し異なるかも知れません。

科学と直観

さて、よく生と死という言い方がされますが、死の対立概念としての生は、生命ではなく誕生です。平野先生のお話は、まさに受精・誕生から死までの生命現象のお話でした。科学は生命現象を扱うのを得意とします。しかし、生命、あるいは本日のテーマである宇宙の摂理を考えるにおいては、生命現象だけではなく、先ほど棚次先生が「いのち」という言葉で表現された、生命そのものを考えていく必要があると思います。生命はまさに場であり、また「祈り」という所作は生命へのアプローチの一つだと思います。祈りの研究は、今後、科学と宗教の研究の重要な橋渡しになるのではないかと考えています。

今日の平野先生のお話は科学的でした。棚次先生は哲学的、そして帯津先生はその両方の観点からお話しされたのだと思います。ここは大阪ですけれども、大阪大学で、昔、澤瀉久敬先生という方がおられ、私が生まれた頃だと思いますが、医学概論という講義をされていました。澤瀉先生はベルクソンなどフランス哲学の研究者なのですが、先生は「科学は客観的ではない」とおっしゃるのです。どういうことかというと、科学の手法である分析は、あくまで相対的・仮説的な認識方法であって、人が運用するために記号をつけているだけなのだと。そして、科学は主に物質を対象にした、人間中心の対象物の記述であり、自然を征服するための一つの体系だと述べられます。

一方で「直観」、これは哲学で用いられる方法ですが、むしろ直観の方が真の実在を把握できる。直観は、徹底的に主観を棄却した上での判断であるからむしろ客観的である。そして、直観は自然を外的に観察するのではなく、自然と合一という立場から自然を把握する方法、ということになります。帯津先生が、モンゴルの草原に横たわり、紺碧の空を眺めて感じた虚空、おそらくそれは直観なのだろうと思います。直観は、今後重要視していくべき観点であると私は考えております。

以上でコメントを終わります。どうもありがとうございました。

祈りと直観

司会　ありがとうございました。鮎澤先生に幅広い視点から今日の話のまとめをしていただき、幾つかの問題点を出していただいたように思います。

例えば、直観、祈り、あるいは空間という問題などがございますが、しばしば医者には直観が必要である、という話をお聞きしたことがあるのですが、帯津先生はどのように考えておられますか。

帯津　我々が生きているということは、論理と直観がうまく統合されて生きているわけです。どちらか片方だけで生きているわけではありませんよね。ですから、医療の中でも直観は大事だと思います。

直観は、普通はベルクソンの哲学的直観ですけど、先ほど私が申し上げた戦略的直観、要するにぱっと見て、あまりよく見ちゃいけないと言うわけです。分析的に見てはいけない、ぱっと一瞥しろ。私は、これが気に入っていて、この二つが使い分けられれば随分違うだろうなと思っています。

司会　ありがとうございます。棚次先生からは「いのち、いやし、いのり」ということで、祈りのお話をされましたが、祈りと直観はどのような関係になるのでしょうか。

棚次　祈りというのは、一般的には何か神様や仏様といった自分の力を超えたものにお願いする、あるいはおすがりすることであると思っておられる方が多いと思います。これは一つの捉え方ではありますが、私は、元々はそういうものではないと思っております。人間が息をして生きているということ、これが実は素直な意味での祈りだろうというところから、祈りを宗教の枠から解放したほうが医療の現場で使いやすいのではないかと思っています。

そして祈りと直観との関係について申し上げると、人間の構造については、心と体があるというのはみんな考えているわけですが、そこで終わっている方が随分多いのです。本当は、その奥にスピリットと呼んでいいような次元があると私は直観しています。それが直観できない人もいらっしゃる。

直観できなくたって生きてはいけますが、どうもそうしたスピリット、絶対的なものと言ってもいいと思いますが、そうした次元を人間は本来含んでいて、そこと自我意識のつながりがしばしば切れている、あるいは、接触不良に陥っていると思うんです。それを直観するといいますか、スピリチュアルなものを直観するということが祈りにつながってくるように思います。

息をすること自体が祈りではありますが、通常、私たちは自覚的に息をして、絶対的なものとつながっているという意識は全然持ってないわけです。そこで、改めていのちの根源との結びつきを直観しながら息をする。これが、祈りになると思いますね。祈りの場合は、息をすることだけではなくて、言葉ということも関わってきます。できればやさしい簡単な言葉でいいですから、自分で祈りの言葉を見つけることが必要だと思います。

例えば、ものすごく簡単な言葉だと、「ありがとうございます」というようなことでもいいわけです。「ありがとうございます」という言葉を思いながら、あるいは口で吐きながら、息をする。これが実は祈りの本来の姿になるのではないかと考えています。

ですから、直観というのはそう難しい話ではなく気づけばいいわけです。気づくか気づかないかという、それだけのことです。学校教育で学んできたのは、論理的な思考能力ですよね。直観的な知というのが明らかにあるわけですけれども、それは、残念ながら学校教育の中では訓練してきていないと思いますね。これからは、その両方、知的直観と論理的思考の両方が、うまく調和されて働くという、これが理想的な在り様だと考えております。

祈りはスピリチュアルな呼吸

司会　今、お二人の先生のご説明について、鮎澤先生は何かご意見等ございますか。

鮎澤　祈りが生命、あるいは命とつながるものだとすると、真の祈りというのは、いわゆる技術、つまり何かをするというよりも、委ねるということですよね。

祈りとは、何かを操作するということではなく、むしろ私をなくして、自然あるいはいのちに委ねるということと理解しています。そして、そこで気づくことが直観なのかなと思います。

棚次　おっしゃるとおりですね。

この自我意識というのがすごいくせ者ですよね。これがいろいろ余計なことをいっぱい考えるわけです。将来のことを考えてすごく不安になり、過去のことをいつまでもくよくよと考えたりするわけですね。この自我意識を一度解消するというか、解除することが祈りの中に含まれていると思います。

例えば、自我の欲望とか執着を捨てる、放下するとかという言い方をしますね。ですから、祈りの実践の中にはそういう自我意識を捨てるということが含まれていて、その捨て去ったところから、自分の内に働いている大きな命の流れに、今、鮎澤先生がおっしゃったように、身を委ねるということになるのだろうと思います。

司会　ありがとうございます。私たちは生きているという一つの証しとして、息を吸い、そして、息を吐くという行為において、私たちの存在があるのかもしれません。

「いのり」という言葉である「息」と「のり」に、生命の一つのエネルギーが存在する、とされる棚次先生のお話がありましたが、帯津先生も生命場のエネルギーを獲得するためには、さまざまなやり方があるけれども、呼吸というのが大事な問題だという話をされておられました。密教の教えにおいても仏教の修行においても、数息観とか瞑想を深めるための修行があります。そのあたりについて、帯津先生はどのようにお考えでしょうか。

帯津　私は、中国医学をがんの治療に取り入れようと思って、国内を見回しましたが、そのころはまだ中国医学を積極的にやっている方というのは見受けられなかったものですから、中国へ行かせていただいて見て歩きました。

そして気功に出会ったときに、中国医学のエースはこれだと思ったのです。それまでに、白隠さんの呼吸法をやっていたものですから、〝攻めの養生〟ということを考えていくと、私は呼吸法が基本になるだろうと思っております。

司会　棚次先生は、呼吸についてはどのようにお考えでございますか。

棚次　呼吸という言葉の定義とも関わってくることですが、先ほど私は人間というのは三重の次元を持っていると言いました。その呼び名は霊、心、身と呼んでもいいし、あるいは、いのち、心《こころ》、体《からだ》と呼んでもいいと思いますけれども、おそらく三重の次元で、それぞれについて一種の呼吸というのが多分あるのではないかと思っています。

体の次元の呼吸というのは自然科学をやっている人がごく普通に考えている呼吸ですね。酸素を吸って二酸化炭素を出すという呼吸があります。

心の次元の呼吸は、心の世界のいろんな栄養素を心の次元に取り入れ、要らないものを吐き出しているという呼吸があると思います。一番わかりやすいのは言葉ですね。言葉の呼吸というのがあると思います。人が言った言葉を、私たちが聞いてそれを受け入れるということは、相手の言葉を吸っているということですよね。それから、何か自分が感じて、その言葉を誰かに吐き出していきます。その吐き出した言葉を相手は聞いているので、それをまた吸収しているわけです。こういう心の次元の呼吸というのもあり得るのかなと思っています。

いのち（スピリット）の次元の呼吸というのは、魂の呼吸と呼んでもいいと思いますが、これが絶対的なるものとの内的交流といいますか、魂の呼吸というのか、そういう次元の呼吸というものを考えたらいいと思います。祈りや瞑想というのは、まさにそういうスピリチュアルな呼吸ということだと思います。

司会　ありがとうございます。鮎澤先生から、時間、空間、つながり、場という表現で幾つかのテーマをいただきましたが、これは帯津先生が、人間は皮膚で外界から守られているけれども、決して外界から隔絶された存在ではなく、外界の一部としての個人の存在がある。つまり、宇宙をつくった空間である虚空という場、その中に宇宙があって、宇宙の場の中に地球があって、地球の中に環境世界や自然の世界、そして地域社会という場があって、その中に人間がいる、というお考えを示していただきました。

つまり、本当に健康になるためには、あるいは病気に対して自然の治癒力が生ずるためには、このような大きな視点から考えていかなければいけない、というお話をしていただいたと思います。その点について鮎澤先生、何かご意見をいただけますか。

鮎澤　まさにそのとおりで、帯津先生の言葉でいうところの、自然治癒力の場を高める必要があるということだと思います。そして、自然治癒力というのは先験的にあるわけではなく、自然と我々との関わりの中で生まれる、あるいは、ポテンシャルが高まってくるものでしょうから、そういった意味では我々一人ひとりの自覚が非常に必要だと思います。

あと一つ、先ほどの呼吸のことで少しお話ししてよろしいでしょうか。

司会　構いません。どうぞ、お願いいたします。

鮎澤　呼吸というのは、我々が唯一自分で操作できる自律神経機能です。心臓の脈拍の上げ下げを直接にはなかなかできませんし、急に汗を出そうとしても出せない。でも、呼吸は自分ですぐにできますから、自分の身体を操作する技法としては非常に有用だと思います。ですから、〝攻めの養生〟にも有用です。

ただ、祈りという観点からは、我々が呼吸をするというよりも、自然に委ねて呼吸がなされるというスタンスが、自然治癒力を高める、あるいは司会の方がおっしゃる大きな力とつながるという点で重要な視点かなと考えています。

これからの医学の方向性

司会　棚次先生、先ほどの「場」の問題、つながりの問題というようなことについて、質問を戻してみたいのですけれども、いかがでしょうか。

棚次　帯津先生も、それから鮎澤先生も、医者の立場から、医療の現場に身を置いて、そこからつながりとか、空間、場とかということをおっしゃっておられるわけです。

同じ医者でラリー・ドッシーという人がいます。祈りについてもいろいろ研究している方ですけれども、あの方が医学は今、三番目の段階に入ろうとしていると言っています。最初の段階は唯物的な医学で、次の段階がおそらく一九五〇年代ぐらいから始まる心身医学、サイコソマティックな医学ですね。要するに、体だけではなくて、心と体の両方を診ようという。

三番目の段階と思われるのがノンローカルメディシンです。ノンローカルという局在化しない、局在化されないレベルの医療であり、おそらくホリスティック医学のある種の考え方ともつながってくると思います。ノンローカルメディシンといったときには、身体構造を超えたようなところでの医療を考えるのだろうと私は思っています。

人間は、時間とか空間の枠の中に確かに位置して、その場にいるというのは間違いありませんが、そういう時間、空間を超えたスピリットの次元というのも持っていることも間違いありません。その両方に同時にまたがって生きているこの不思議というのが、人間存在の不思議だと思います。将来の医療の方向性として、もしノンローカルメディシンというようなことが、ラリー・ドッシーさんがおっしゃっているように言えるとしたら、これはどのように考えたらいいのだろうかと。

こういう質問は帯津先生や鮎澤先生という専門の方にお尋ねするのが一番いいと思うのですが、いかがでしょうか。

帯津　ラリー・ドッシーの本は、随分前に読みましたが、あの本には、祈りで病気を治してくれとか、大学に合格させてくれといった現世利益の祈りは効かないと書いてありますよね。

そうではなくて、祈りに満ちた心が大事なのだと。祈りに満ちた心で日々暮らしていくことだと。祈りは万物と一体となる心だと書いてありました。それは何となく納得できるなというような気がしています。

司会　鮎澤先生はどのようにお考えでしょうか。

鮎澤　ラリー・ドッシーのいうところの、特異的な祈りと非特異的な祈りということですね。彼らの研究によれば、非特異的な祈りの方が効果があるということです。万物と一体、まさにノンローカルな働きがあるということです。

このような効果を考える上で、医学という領域においても、時間と空間について考える必要があると思います。つまり、我々は与えられた時空間の中で存在しているのではなく、生きていることそのものが時間と空間をつくり出していくという視点です。

これは、与えられた時空間で見ていた医学、パソジェネシス（注1）ではなくて、これから健康を生み出していくという視点からなるサリュートジェネシス（注2）、健康生成的な見方につながっていくと思われます。

死後の世界について

司会　ありがとうございます。帯津先生が先ほどの講演の中で、さまざまな病気、特にがんなどを撲滅しようとするならば、人間の体だけではなくて、汚染され続けている地球環境やストレス破壊が多い社会環境、職場の状況とかというものを視野に入れることが必要であるというお話をされていたと思います。

たとえば、医療に従事される方が避けて通りたいお話だろうと思いますが、患者さんに死後の世界の話を積極的にしているというお話をされましたが、先生はどのようなお考えや方法でされておられるのでしょうか。

帯津　患者さんにはよく話しますが、死後の世界のことは私にはわかりませんね。本当にあるのかないのかわからないですね。

ただ、私としては、生と死の統合を果たすことを、いつかやりたいと思っていますが、やれないかもしれないですね。自信があるわけじゃないので。こちらの世でできなかったら、死後の世界に行ってからやると、高を括くればいいわけですよ、ストレスにならないで。だから、死後の世界はあるものと私は決めているわけです。

死後の世界はあるかないかと聞かれれば何とも言えない。信じるのか、信じないのかと言われたら何とも言えないけれど、ないとこの世の生がいろいろ苦しくなります。全部こっちでやろうとするとね。だから、ここでやりかけといて、中途で向こうへ行って完成すればいいと思っているんですけどね。

ただ、この間も亡くなった方で、ちゃんと看護師さんに挨拶していった人がいるんですよ。亡くなるちょっと前に、「長いことお世話になりました。私はただいま虚空に旅立ちます」と言って死んでいったというので、こういうことができればいいなと思いますね。

司会　帯津先生はご著書の中で死に対して、加速して死後の世界に飛び込めというような刺激的な、しかも自信に満ちたことを言われておられます。死に対して何かそうした視点を持っておられるのかなと思っていました。先生の死に対する思いが、そのような心構えということでしょうか。

棚次　矢作直樹という東大の救急医療の教授が、『人は死なない』という本を出版されて評判となりました。私も矢作先生にお会いして、死についてお尋ねしたことがありますが、人は確かに死にます。生があると当然死があるわけですね。

しかし、死は生の終わりであっても、存在の終わりではありません。宗教学的にいうと、死後の世界があるというのはもう当たり前の話なのです。死後の生を否定している宗教というのは、おそらく一つもないと思いますね。

帯津先生のように、死後の世界があると医者が確信して患者さんと対応していることは、やっぱり患者さんにとって心強いといいますか、安心させる要素になると思います。それは非常にいいことだと思っています。

人間の中には体の次元があり、心の次元があり、いのちの次元があります。いのちの次元をスピリットという言葉で置きかえることは可能ですが、スピリットというのが実は永遠ですから、不死なんですよ。死なないのです。死んでも死なない部分が人間にはあるということだと私は理解をしています。

司会　鮎澤先生はいかがでしょうか。

鮎澤　亡くなっていく人に接する時については、私も帯津先生と同じです。そのような場面で死後の世界を認めるスタンスは非常に大切だと思います。

ただ、いわゆる世間で、死後の世界があると言うと、あの世に二人で行って幸せになろうよとか、悪いことに使われることもあるので、そこは慎重にならなくてはいけません。ただ、今後いろいろな場面で、あの世みたいなことについての教育が大事になってくると思います。

死後の世界があるかないかという問いかけについてですが、私は以前、「魂のありか」というテーマで、学会を開いたことがあります。その時に、いわゆる時間と空間による場所としての霊界というものが存在するのではなく、霊魂が存在するところが霊界なのであり、あの世は魂の永遠のふる里なのだ、と論じていた先生がおられましたが、重要な観点だと思っています。

基本の呼吸法とは

司会　ありがとうございました。まだ先生方にいろいろとお伺いしたいことがありますが、講演でもう少し補足をしておきたいことがございましたら、お話しいただきたいと思います。帯津先生、いかがでしょうか。

帯津　呼吸法のことで、さっきちょっと言わなかったのは、呼吸法も調身・調息・調心ですよね。身を整え、息を整える。これは全部、体の秩序性を高めます。呼吸法は非常に根源的な簡単なことであり、がん治療の中で、この気功の道場の役割というのは結構高いんですね。それをちょっと付け加えさせていただきます。

司会　棚次先生、いかがでしょうか。

棚次　私のほうから帯津先生にお願いしたいことがあります。帯津先生は気功を医療に取り入れられ、先生自身もいろんな種類の気功をなさっておられます。

せっかく皆さんいらっしゃっているので、ぜひ簡単な方法でいいのですが、気功を教えていただけないでしょうか。こういうやり方がありますよと、これをなさるといいですよというのがあれば、一つだけお願いしたいと思うのですが、よろしいでしょうか。

帯津　緩息という緩やかな息というのがあります。「吸って吐く」を三回やるだけです。それは、座ってあぐらでも半跏趺坐《はんかふざ》でも何でもいいですけど、椅子でも結構です。三回吸って吐くだけです。息を吸うときに体をスゥーッと伸ばして、吐くときにみぞおちを緩めて、上半身を骨盤にすっと落とすんです。また、スゥーッと吸って、また、スッと落とす。三回目は途中まで一緒で、吐くときに前傾して吐き切ります。これは前傾の角度は決まっていません、適当でいいのです。これが緩やかな息といって、呼吸法の一番簡単な方法ですね。吸って、吐いて、吸って、吐いて、吸って、長く吐きます。これだけでいいんです。これはどこでもできるし、つまんない会議なんかのときに、やっていればいい。もうこれだけで十分、呼吸法の原理は全部満たしておりますから。よろしいでしょうか。（拍手）

司会　鮎澤先生、何かございますでしょうか。

鮎澤　今、気功でさわやかになりました。私は本日、つながりとか生命という観点でコメントをいたしましたが、今日会場に来るとき、紅葉がとてもきれいでした。今、呼吸を整えたところで外に出れば、そういった季節の移ろいに気を留めるだけでも、マントラ（注3）を唱えなくても、生命と、いのちとつながることができるかなと思っております。

司会　ありがとうございました。（拍手）

先生方のお話が興味あふれる内容になりつつありまして、そういう意味では残念なのですけれども時間に限りがございます。パネリストの先生方、どうも本日はありがとうございました。（拍手）

さて高野山大学では、フジキン株式会社前会長であられた小川修平様のご支援によって、二〇一二年四月から、「宗教と科学の対話」をテーマとする事業を展開しております。

本日の講演会のお話の中でも出ておりましたが、生命、心、意識、宇宙、さらには環境問題などは、多くの科学者の方にとって、二一世紀の大きな課題とされております。私たちの日々の生活は、科学文明の恩恵を受けて成り立っております。さまざまな分野における科学のさらなる進展は、人々の生活を向上させ、人類に幸福をもたらすと考えられていますが、近年になって、大きくその視点が揺らぎを見せ始めております。ともすれば、人間の存続をも危ぶまれる事態を招きつつあります。フロンガスによるオゾン層の破壊、地球の温暖化・砂漠化などの環境問題、脳死、臓器移植などの生命倫理やストレス社会の問題などの現象としてあらわれております。

このような社会問題化している事象についても、科学が発展すれば解決されるかもしれないという見方がある一方で、現代科学の方向性や行く末に、危惧の念を抱く人も随分おられます。特に、東日本を襲いました大震災や原子力発電所の事故以来、人類がこれまでに築いてきた文化や価値観が大きく様変わりしようとしております。そして、多くの場所で、持続可能な世界と新たなる価値観の構築が議論されつつあります。

例えば、ローマクラブから派生しましたブダペストクラブの主催者でありますアーヴィン・ラズロ氏は、二〇〇二年に『マクロシフト』という書物を著し、時代遅れの神話である「自然は無尽蔵である」「自然は巨大な機械である」「人生は生き残りのための闘いである」「マーケットは利益を分配する」「消費は美徳である」という神話への決別とともに、惑星的な意識の回復を求めました。そして今日的な課題でもあります生命・心・意識・宇宙の問題についても、グローバルな視点からそれらを統合する理論の必要性を訴えております。

ところが、実に一二〇〇年前に生命・心・意識・宇宙と今日的課題を自らに問いかけた方がおりました。ほかならない弘法大師空海でございます。空海がたどり着きましたのは密教でした。密教の世界観をあらわす曼荼羅は、仏や菩薩のほかに、インドで古くから庶民に信仰されてきた神々で構成されております。多様な価値観を説く密教の特徴とともに、生きとし生けるすべての存在は本質を同じくし、尊い存在であるということが表現されております。空海は、あらゆる存在は、五大プラス識大から成る六大による生命のあらわれであり、それはそのままに私たちの本来の心の実相であり、その心の実相によってあらわれてくるのが、空海の理想とする密厳国土であり、宇宙的視野あるいは普遍的意識であるとする深遠にして壮大なる理論を私たちに提供してくれております。国や社会・組織は、それを構成する人々の意識によって形づくられております。そのように、新たなる価値観や文化、そして世界は一人一人の心の調和、真なるものに対する目覚めによって始まるように考えます。

本日の講演会で、平野先生が話題にされましたいのちに関する問いかけ、帯津先生がお話しされましたホリスティック医療の魅力、そして、棚次先生が明らかにされました「願いごと」とは質の異なる宇宙の摂理への所作、行為につながる「祈り」に対する教訓を、これからの私たちの指標にさせていただきたいと思っております。

本日は、宗教と科学をテーマとする事業をより一層充実していくための機会を与えていただいたと思っております。長時間にわたりまして、ご清聴いただき、誠にありがとうございました。これをもって、シンポジウムを終わらせていただきます。

先生方、どうもありがとうございました。（拍手）

【注】

（注1）**パソジェネシス**　病気の原因を追及し、それを取り除くことにより治療しようとし、病気と健康を異なるものとして分断する。疾病中心主義であり、病気を取り除き絶対的な健康になることが目的になる。

（注2）**サリュートジェネシス**　健康生成論。アーロン・アントノフスキーが提唱した健康観。患者中心であり、健康の部分を育てることにより解決を図ろうとする。

（注3）**マントラ**　マンは「思念する」、トラは「器」の意味にして、思念をあらわすための器、そこから派生して「文字」「言葉」を意味する。真言と漢訳され、大乗仏教、特に密教では仏に対する讃歌や祈りを象徴的に表現した短い言葉を指す。

第三回講演会 ―平成二五年一〇月一三日

講演Ⅰ

科学と思想の相互越境への挑戦

松本　紘・理化学研究所理事長（京都大学前総長）

【略歴】

一九四二年　中国河北省張家口生まれ。
一九六七年　京都大学工学部卒業。
一九七四年　京都大学工学部助教授。
一九八〇年　スタンフォード大学客員研究員。
二〇〇二年　京都大学宙空電波科学研究センター長。
二〇〇八年　京都大学総長（―二〇一四・九・三〇）。
二〇一五年　理化学研究所理事長。
一九九九年―二〇〇一年　地球電磁気・地球惑星圏学会会長。
二〇〇五年―　電子情報通信学会　フェロー。
一九九九年―二〇〇二年　国際電波科学連合（ＵＲＳＩ）会長。
米国地球物理学会（ＡＧＵ）学術誌（J. Geophys. Research）編集委員長、国際宇宙空間 simulation 学校（ISSS）組織委員長（一九八二年～現在）。

【受賞歴】

日本地球電磁気・地球惑星圏学会田中館賞、文部科学大臣表彰科学技術賞、紫綬褒章、米国電波科学協会（ＵＳ―ＵＲＳＩ）ブッカー（Booker）金メダル賞、ロシア宇宙航行学協会ガガーリンメダルほか多数受賞。

太陽系文明と私

皆さんこんにちは。ご紹介いただきました京都大学の松本でございます。「科学と思想の相互越境への挑戦」というタイトルでお話をさせていただこうと思っております。

ちょっとかたいタイトルですが、科学と思想、あるいは科学と宗教というものを互いに独立したものと考える人が増えてしまいましたが、相互に歩み寄らないといけないという時代が来ていると思います。そのときに我々はどうしたらいいか。これについては暗中模索ですけれども、今日はぜひ皆さんと一緒に考えてみたいと思っています。

私の自己紹介ですが、昔の頃のことを思い出しますと、中学生、高校生のころには自分が何者になるかさっぱりわかりませんでしたが、大学生ぐらいから宇宙科学に興味を持つようになりました。それは、人間がどこから来てどこへ行くのかということが、不思議でわからない。だから、宇宙空間に出てみたら少しは解決の糸口が見つかるかもしれない、そんなふうに思って宇宙科学をやりました。大学では電子工学を専攻したのですが、工学はやらずに、科学のほうに走りました。

私の夢は太陽系文明をつくりたいということでした。地球文明という我々人類が築き上げた文明がありますけれども、これがいつまで続くかなと。死に絶えても困るねと感じたわけです。資源制限とか領土制限、領空制限、領海制限といった制限がいろいろある我が国だけではなく、人類全体にとっても大変重要だろうなと思い、その道を歩んだ人間です。したがって、思想的なバックグラウンドは非常に脆弱ですが、希望としては人間のことについて知りたい、そう思ってやってまいり

地球周辺のさまざまな人工衛星

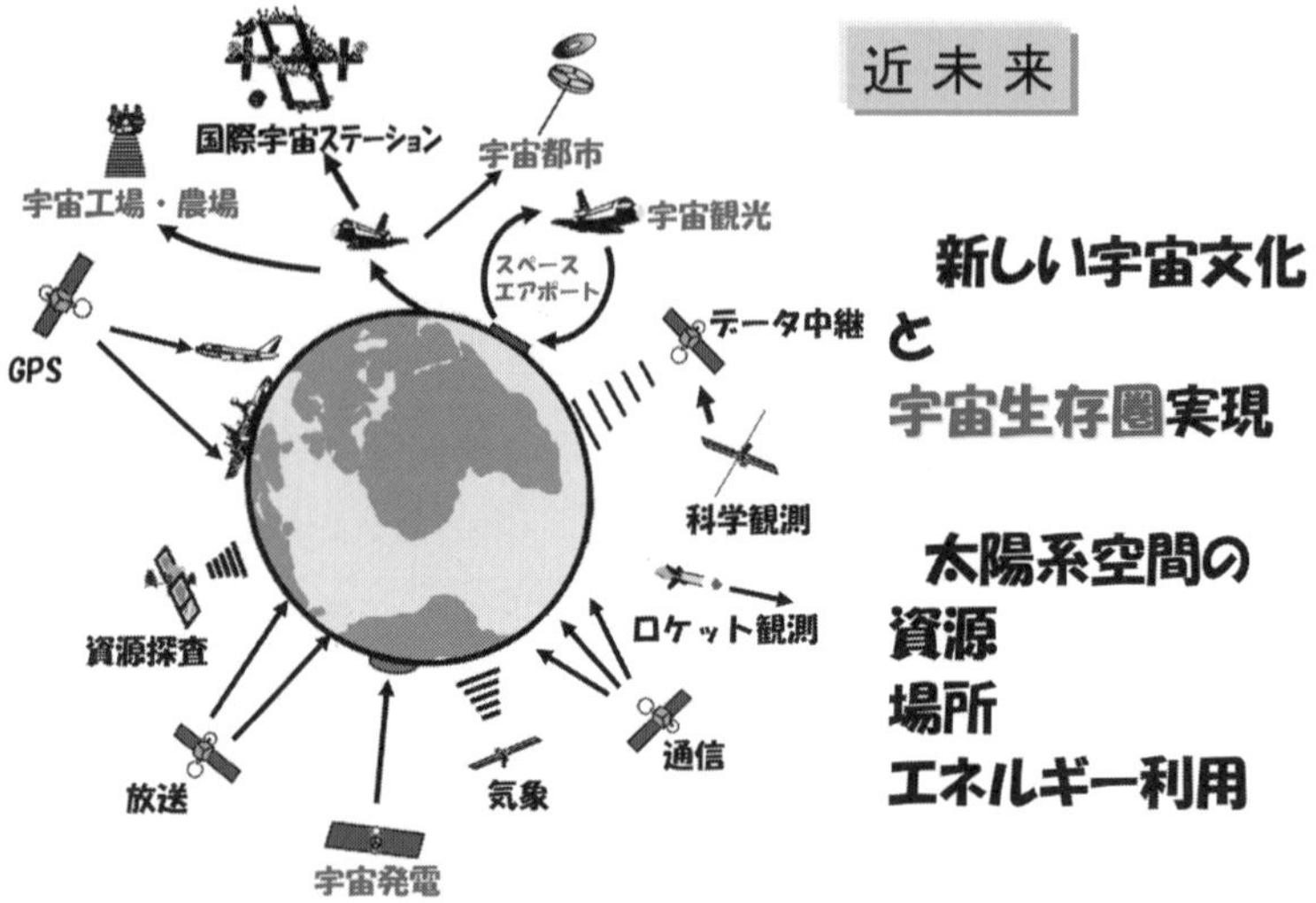

ました。

人間は、まだ地球周辺のごく限られた空間しか十分に調べることができません。人工衛星あるいは人工惑星というものをつくって太陽系の外までボイジャーなどの人工惑星を送り出しましたけれども、多くの人工衛星はまだ地球の周辺を回っているだけです。日本人で最初に毛利さんが宇宙飛行士として「宇宙へ行った」と新聞等に書かれましたが、これは高さ四〇〇キロメートル、大阪から静岡県ほどの距離に相当する高さで、地球の周辺をへばりついて回っているだけです。宇宙とはとても言えません。ちょうど馬の背中の付近にちょろちょろしているハエみたいなものです。

しかしながら、少しずつ高度を上げてゆくと宇宙ステーションがあります。これは高度四〇〇キロぐらい。私がやりたいなと思っている宇宙太陽光発電所は静止軌道上ですから、三万六〇〇〇キロぐらい。あと、さまざまな人工衛星があります。

実践した４つの研究

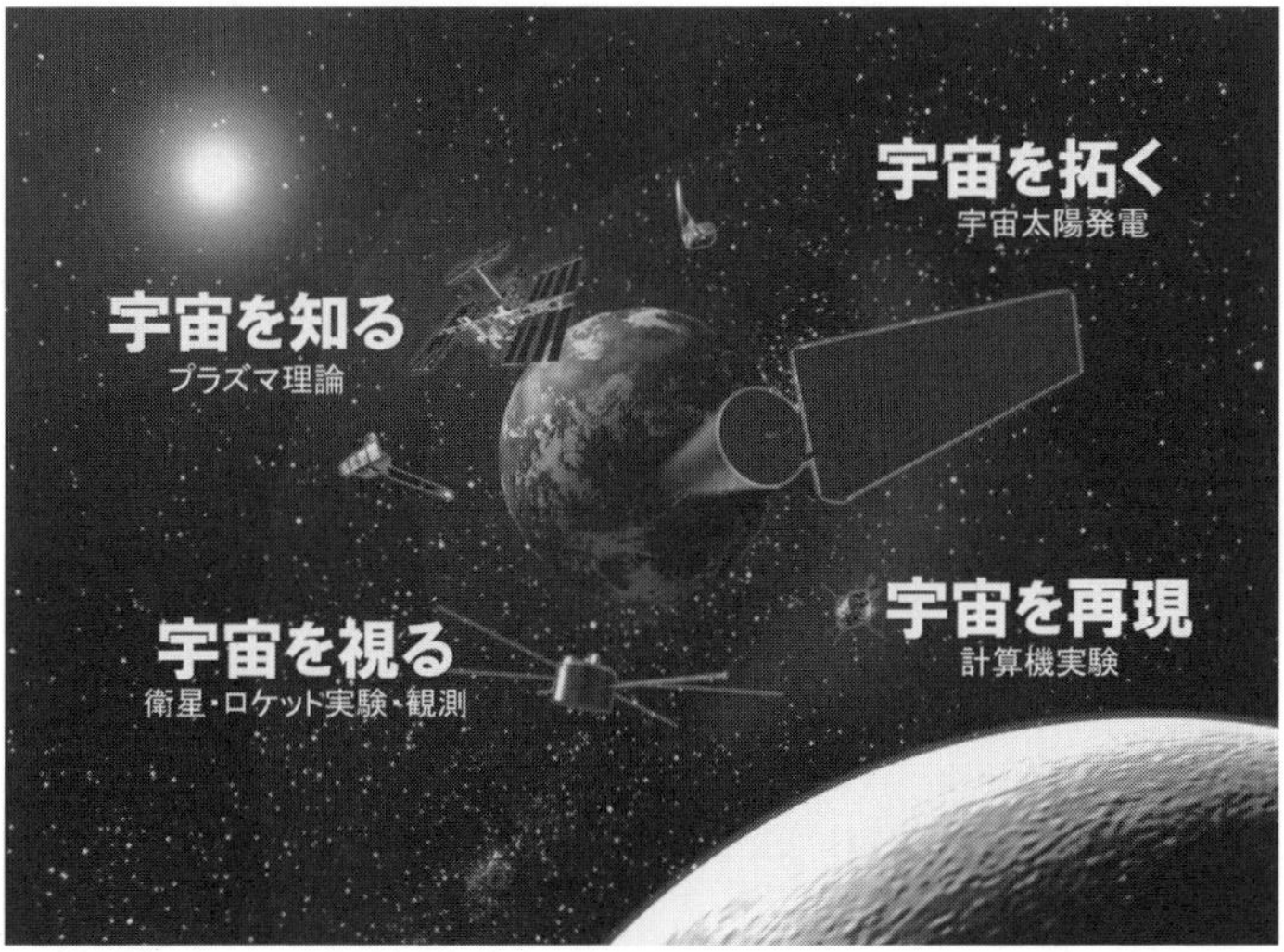

そういう意味で、宇宙を知りたいなという理論（プラズマ理論）も観測や実験と併行してやってきました。同じく宇宙を自分の目で見たいと思いまして、人工衛星やロケットを打ち上げ、それに自分の観測装置を載せてみるということもやってまいりました。

しかし、それだけではなかなかよくわからない。宇宙は広大ですから、いくら見に行っても、見えるところはごくわずかです。したがって、全体を理解することは非常に難しいので、理屈の上で考えられる情報を全部スーパーコンピューターに与えて、宇宙を再現してみるというようなこともやってまいりました。

さらに、宇宙を知っただけで、見ただけで、あるいは再現しただけで人間に役立つものではありません。したがって、宇宙をそのまま使って太陽系文明の礎を築きたい、宇宙を拓くということで、例えば宇宙太陽光発電衛星とか大型人工衛星、そうした事業をどうやって進めようかという話にも従事してきました。

宇宙飛行士と神

ここで科学と宗教、あるいは科学と思想という観点から宇宙飛行士の話を紹介します。アポロ宇宙船は何度も月に行きました。それに乗ったアメリカの飛行士すべてというわけではありませんが、多くの宇宙飛行士が遠く離れた月から地球を見返したときに感じる、あるいは月へ行く長い旅路の中で感じることは「神の存在である」と言うわけです。

アポロ15号で月へ行ったジム・アーウィンは、「宇宙飛行までの私の信仰は人並み程度だった」と言っています。アメリカ人ですから、信仰心は厚いと思いますが、月に行ってみたら全然違った「神」観を持ったわけです。「宇宙から地球を見ることを通して得られた洞察の前にはあらゆる懐疑が吹っ飛んで、まさに神がそこにいるということがよくわかった」と彼は言っているんですね。これがどの程度のものかというのは、個人の感覚にもよりさまざまですけれども、彼一人じゃなく多くの人がそういうことを言っています。

アポロ14号で月に行ったエド・ミッチェルは、「私の存在には意味があるのか、宇宙は物質の偶然の集合体にすぎないのか」と疑問を持ちました。単に電子・原子が寄り集まって物質ができて、物質からたんぱく質ができ、そして生物ができ、人間ができているという単に偶然の集合体なのか。宇宙や人間はつくられたものなのか、それとも偶然たまたま何かの原因で進化してきたものなのか、そういう疑問は以前にはあったと言っているのです。しかし、月に行って一人になって、真っ暗な闇の中で青い地球がぽっかり浮いている。そこが自分の故郷だという気持ちで見ると、「自分は神のもくろみに参与している。宇宙は創造的進化の過程で、この一瞬一瞬が宇宙の創造そのものだということを感じた」と、非常に神がかったようなことを言っております。彼自身「神の啓示と言ってもいい」と言っています。科学、あるいは技術の枠を身につけた人が思想とか宗教に近づいた瞬間ですよね。

近代科学とイノベーション

現実の地球上では、科学者は科学者、技術者は技術者、思想家は思想家、宗教家は宗教家というふうに分かれてしまっています。もちろん両方考えている方もおられますけれども、ごく少数です。我々が日常、普通に生活している市民にとっては、科学技術の便利さだけを享受している。

科学と思想、あるいは科学と宗教というのは非常に古い問題です。古い問題ですが、同時に新しい問題、問いなのです。根源的な問いに本当に働きかけたいと一人ひとりが思っている瞬間はあるはずです。科学と思想については、十分な対話がなされていなかったのではないかと思われます。今日、お越しの皆さんの中には、こうしたテーマに関心をお持ちの方が多数おられると思います。胸に手を当ててそういうふうに考えてみたことがきっとある方ばかりだろうと思います。

それで、今日は限られた時間の中で、科学、科学と言うけれども、この科学とは何か、特に近代科学とは何だろう、科学は一体どうやって成り立ったか。そして科学と技術をやっている大学は一体これからどうするのか、こういう話を少しさせていただきたいと思ってやってまいりました。

まず近代科学です。新聞を見る、テレビを見る、あるいは政治家の発言、産業界のトップの発言を聞いていますと、よくイノベーションという言葉が出てきます。このイノベーションとは何かと聞かれたら、皆さん、何を思い出されますか。「社会変革」とか「革新」と言われていますが、確かに社会は進歩していますよね。

イノベーションとは何だろう。何でしょう。

【会場から「情報科学……」の声】

情報科学。なるほど。大体皆さん、人生をそれぞれのフェーズで歩んでこられたと思うので、子供のころ、中学生のころ、高校生のころ、社会人になったころ、あるいは課長になったころ、いろいろありますよね。その都度、都度を思い出すと、走馬灯のように過去の記憶が蘇《よみがえ》ると思いますが、多くの方々は多分、モノが変わったな、すごく進んだな、これもイノベーションだったろうなと、過去を振り返ると思います。

例えば、古典的な非常に優秀なアナログカメラがデジタルカメラに進歩したよね、これもイノベーションだったろうなと考えるでしょう。パソコンは今や小さいｉＰａｄのような小型のものになった、あるいはスマホになった。ウォークマンは非常に小さな持ち歩けるような電子機器の音楽プレーヤーになった。こういうモノの進化、モノの進歩ということをイノベーションという言葉から、まず思い出されたのではないでしょうか。そのとおりだと思います。

しかし、イノベーションというのはもっと幅広い意味であります。今、お話ししたのは製品がどう進歩したのかというプロダクト・イノベーションです。それに対して、プロセス・イノベーショ

明治時代の生活風景

ンがあります。例えば、トラックの配送ルートを見直すことで燃料コストを削減しました。宅配便なんかは、郵便局のおじさんが運んできた時代に比べますと、大変便利になりました。そういう社会システムの諸過程を取り扱うプロセス・イノベーション。あるいは、社内だけで行っていた研究活動を大学と一緒にやりましょうという組織イノベーションがあります。オープン・イノベーションと言われるものですね。このようにいろいろなイノベーションがあります。しかし、多くはやっぱり製品イノベーションですよね。

一〇〇年前の未来予想

そこで、ちょっと皆さんと考えてみましょう。「一〇〇年前の神戸」という写真があります。そこには蒸気機関車が走っています。しかし、まだ多くの人が大八車を引っ張っています。歩いている人は着物を着て草履をはいています。こういう

時代が今から一〇〇年前の神戸です。一〇〇年で大きく町は変わりました。現在の社会と比べてみると、よくわかります。

その時代の人々が、一〇〇年後の日本はこうあってほしい、あるいは一〇〇年後の世界はこうあってほしいなということをちゃんと見ています。例えば、一九〇一年一月二日と三日に報知新聞に掲載された「二十世紀の豫言」です。彼らは二〇世紀初頭にこうありたいと頑張ったんですよね。頑張ったときにどんな予言をしているか。

「無線電信・電話の普及」「遠距離の写真」「七日間で世界一周」。電話はもちろんまだ普及していません。車もまだ普及していません。荷車です。こういう人たちがこれだけすばらしいことを想像していたのです。「暑寒知らず」は今のエアコンですね。当時は、暑かったと思いますよ。うちわであおいで、蚊取り線香をたいて。「遠距離の写真」はファクシミリですよね。「買い物便法」なんて言っていますがクレジットカードです。

電気の世界、鉄道の速力。市街鉄道、医術の進歩、自動車の世の中、これらをちゃんと予測し、ほとんど実現しました。これは、振り返ってみれば当たり前ですけれども、当時、何もなかった時代に人々が想像したわけですよ。非常に想像力豊かだと思いませんか。果たして、我々は一〇〇年後の世界をこれだけ想像力豊かに予想できるでしょうか。私の大学の学生に三〇年後の日本を予想してくれと言っても、言うことはほとんど今の延長線のものしか出てきません。発想にすばらしいジャンプがありません。それだけ我々は便利で豊かな世界に満足しきってしまったということじゃないでしょうか。

例えば、あっという間に物事は進歩しました。ライト兄弟が飛行機を飛ばしたときには時速四〇キロでした。今は時速一三〇〇キロ以上で航行します。昔、東京・大阪間は二〇時間かかりましたが、新幹線ができて今は二時間半で行けます。また、携帯電話が初めて出たときには一キログラムありました。今は二〇グラム、三〇グラムのものが出るぐらいに軽いものになりました。それから、一九四六年、最初にＥＮＩＡＣというコンピューターができたときには、この会場を真空管で埋めたような大きなコンピューターでした。今は、ＥＮＩＡＣの一万分の一のサイズになった小さいマイクロチップで、どんどん高速化・小型化し、そして軽量化し、便利になっています。

じゃあ、そういう科学技術の進歩ということについて「科学技術と社会に関する世論調査」によると、「国際的な競争力を高めるためには、科学技術を発展させることは必要であるか」という設問には、「そう思う」という割合が増えています。だから、科学技術にどっぷり頼る、また必要だと思うという人が増えたということです。

また、「資源・エネルギー問題、環境問題、食糧問題等の社会の新たな問題は、さらなる科学技術の発展によって解決されますか」という問いに対して、「できるでしょう」という人が増えてきているんですね。科学技術に対する理解が昔より広がって、これは必要だとなっています。

これだけ科学技術に頼りますと、普段の生活でも、物事を見るときに科学技術の眼鏡を通してしか見られなくなっていないかなということを我々は反省しなければなりません。この間、テレビで「GPSをスマホで持っているから、道がさっぱり覚えられない」と言っている人がいました。私も最近、漢字をよく忘れます。全てコンピューターで出てきますから。便利になればなるほど、人間はバカになりますよね。だから、科学技術だけに頼っているとどうなるかなという恐ろしさもあろうかと思います。

科学技術の進歩―その光と影

では、なぜ科学技術はここまで発展してきたのかということを見てみましょう。

科学技術というのは、皆さんが信用したのは、普遍性と論理性と客観性があるからですね。普遍性とは応用範囲が非常に広く、どこでも成り立つこと。論理性は主張が首尾一貫していて矛盾がないこと。客観性は個々人の思いはバラバラであっても、科学というのはそうではなくて、誰が見てもそう思うということがまとめられることだよねということで、信用されてきました。

確かに科学技術は非常に進歩しました。

京都に都ができたころから現在までおよそ一〇〇〇年間の人口を見てみますと、日本の人口は長らく一〇〇〇万人ぐらいでした。関ヶ原の戦いのころに、やっと世の中が少し落ちつき始めて、江戸時代になると三〇〇〇万人、三倍も増加しました。その後、明治時代になって、西洋から科学技術がドーンと入ってきて、人口はうなぎ登りで増加し、現在は一億二五〇〇万人。これからは落ちていくばかりとなっていますけれども、繁栄してきたのはやはり科学技術の導入ではなかったかという良い面があります。

しかし、一方では科学技術が進歩したために、世界中ではさまざまな問題が起きています。例えば都市化。東京や大阪に人がたくさん集まる。ふるさとの田舎は寂れる。そういう都市化の問題。それは、都市は便利だからですね。ゲマインシャフト（地域・血縁社会）からゲゼルシャフト社会（利便性を追求する社会）に変わったのが大きい理由でしょう。資源・エネルギーを大量に消費し、建設と破壊が繰り返される。

その結果、深刻かつ複雑な地球規模の問題が起こっています。これは概念的にみんなわかっていると思いますけれども、果たして実感しているでしょうか。

人口爆発、これは今も一秒間に三人が増えているのです。多分三・五人ぐらい増えています。たった一秒間の間にですよ。ですから、私が六〇分しゃべっていますと、あっという間に何千人、何万人と増えます。人口爆発と言うほかはありません。今や世界の人口は七〇億人を超えました。私が子供のころは一〇億人と言っていたのが、あっという間に七〇億人。まさしく、うじゃうじゃと増え続けています。これが人口問題。

それから、もっと恐ろしいのは、科学技術が進歩すると、戦争のやり方も変わります。ゲーム感覚で人を殺します。ボタンをポンと押すだけで、向こうで死んでいることを感じません。痛みも感じません。科学技術の影の部分ですね。ほかにも環境問題・地球問題、資源・エネルギー問題、水の枯渇、パンデミック（感染症の全国的・世界的な大流行）、ちょっと下火になりましたが、狂牛病。

そして、金融資本主義。お金が全てという資本主義。それはよくないですよね。でも、そういう側面はあります。NHKのような公共放送で毎日のように株価が出て、為替レートが出ます。果たしてそれでいいのでしょうか。貧富の差が拡大していませんかね。将来を見据えない人、読めない人、そういう人が現代人になっていないかということは考えなくちゃいけません。

例えば、日本人の自殺者の変化をみますと、一九〇〇年から二〇〇〇年までの一〇〇年間では増えているんですね。これは、世の中が悪くなったのかなと。科学技術が進歩し過ぎて、いろいろ問題が発生して、死ぬ人が増えたのかなと思われるかもしれませんが、実はそうではありません。

データをいろいろ見るときに我々が注意しないといけないことがあります。自殺者を人口で割りますと、自殺者というのは一〇万人当たり一五人から二〇人の間ぐらいで大体一定しています。上がったり下がったり。つまり、自殺者が増えたというのは、全体の人口が増えたからです。日本の人口がダーッと増えました。ですから、自殺者の数も増えているのですが比率は変わらないのです。太平洋戦争とか、なべ底不況が始まったとか、円高不況のとき、やっぱり不況が来ると自殺者が増えます。景気がよくなると自殺者が減ります。こういう社会現象にすぎません。

群集の中の孤独

それから、科学技術の利便性を追求したために、電車に乗ったら、みんなスマホの小さな小窓を眺めています。横の人としゃべっている人はほとんどいませんよね。これは群衆の中にいて、孤独を感じているのだろうと思います。これで本当にいいのでしょうか。こうした問題もやはり我々は考えないといけません。

科学が進歩して「幸せ」と思いますか、「不幸せ」と思いますかと問えば、多くの人は幸せになったと言うかもしれません。しかし、影の部分、先ほど紹介したような部分もあるのです。

科学には、普遍性、客観性、論理性という、誰にでもある程度信用できる部分があります。しかし、その成果を使うのは人間ですよね。人間がしっかりしていないといけない。しかもその人間は、「生きる」ということや「世界」というものを科学のみでは簡単に記述できるものではありません。一個一個の専門に分かれ、いろいろな技術とか科学を深く掘りはしましたけれども、それらを束ねて、これは使ってもいいのか、使っちゃいけないのかということを考えることも必要です。それは科学ではないかもしれない。科学かもしれない。

近代科学は普遍性・論理性・客観性があると言いましたが、現実の世界は人も世の中も多種多様です。非常に多くの変化があって、普遍性なんていうことはないよ、一人ひとりみんな違うよ、抱えている問題も違うよ、ということですよね。

また、人間というのは論理的に割り切れる生き物ではありません。非論理的で感情的に人は動きます。これも科学とは違いますよね。

そして、そもそも人は主観によって動きます。そして、主観と主観がぶつかり合ったり、あるいは意気投合したりする関係性で動きます。関係性こそ本質なのです。

そうすると、近代科学と現実の人の間には大きなギャップがあります。これを埋めるということが、科学と宗教、科学と思想の間を埋めるということになります。

結局は科学技術とそれを使う人間の問題だと思うのです。私は大学にいますから、学問とは何ですかとよく聞かれます。自分でも学問をしているかなと疑問に思うこともありますけれども、私個人の経験では、〝学問とは真実をめぐる人間関係〟であると思っています。それだけ難しいわけですね。

科学とは――総合科学と個別科学

では、そもそも科学というと、皆さん、何をイメージされますか。科学というとサイエンスのことだと多くの人が思いますよね。でも、「科学」という文字を眺めてください。科学の「科」は分科の科ですから、「科学」とは分けた学問と書いてある。それをいつの間にかサイエンスにしてしまった。なぜでしょうか。

科学の進歩はサイエンスの進歩とまず考えましょう。論理的、普遍的、さっき言った事象ですね。ここにニーダム・グラフというものがあります。科学的成果の水準を縦軸にとり、横軸はマイナス三〇〇年から現在の二〇〇〇年までをとっています。成果があがったら上にいきます。全体としては上にいっています。ヨーロッパでは古代ギリシャの時代にはアリストテレスとかソクラテスとかプラトンとかユークリッド、すばらしい人たちがいて、科学は進歩していました。

ところが、中世に入って宗教の暗黒時代に入りますと、科学の進歩が遅れ、その間にイスラムやインドの科学が進歩しました。

アジアでは宗教が科学に大きな影響を及ぼしませんでした。儒教や仏教といった、それほど科学と対立するという考え方ではなかった宗教が支配的であったためかもしれません。羅針盤、火薬、印刷技術、これは中国における発明ですね。ですから、科学は確実に進んでいたわけですね。

一六世紀、一七世紀になりますと、第一次科学革命が起こり、コペルニクスやデカルト、ニュートン、ガリレイという人たちが現れて、科学は大きく進歩しました。この時には、貴族たちがお金を出して科学者という人たちを応援したわけです。そういう個人的なつながり、つまりパトロンの関係で科学は進歩していました。

一八世紀に入ると第二次科学革命が起こり、さらに科学が急激に伸びました。これは、科学は国の国防とか繁栄に直接関係しそうだということを国が認識し始めて、国を挙げて科学技術を応援するようになったのです。それからどんどん伸びてゆきました。これが全体の科学の進歩ですよね。

先ほど言いました古代ギリシャから一六世紀前後までは、科学者、学問をやる人というのは、あなたは理系ですよ、あなたは文系ですよと、今のようにしっかり分けていませんでした。例えば、天才と言われる博学者、レオナルドダヴィンチは絵画も描きました。彫刻もやった。建築物もつくった。音楽、科学、数学、工学、発明、解剖学、地学、地誌学、植物学、今で言ういろんな細かい部分の分野の学問を一人で研究していたんですね。だから、非常に幅広い文人であり、科学者であったわけです。

西洋では第一次科学革命、第二次科学革命と、どんどん科学が進歩しました。そのきっかけをつくったのが、自然哲学者と言われる人たちです。ガリレオ・ガリレイ、デカルト、ニュートン、そのほかにもたくさんの方がおられます。

昔はアリストテレス的自然観があって、自然を質的に捉えるということが行われていたのですが、もう少し人間中心とした量的に捉える動きをやりましょうと、こういう人たちが始めたんですね。ですから、それまでにも錬金術は一生懸命やられてきましたが、もう少し法則として、本当にできるかどうか考えようということを始めたわけです。

例えば、ガリレイの機械論的アプローチでは、これまで数学は数学だけ、実験は実験だけと言われていたものを統合しようということを言い始めたわけです。

デカルトは、精神と物体を完全に分けて考えてみたらどうですかと言うわけです。人は人、物は物、と考えてみようと。もちろん、彼が完全に分離していたわけではありませんが、考え方を分離して明確にし、一つ一つを分解していけば理解しやすいよね、という要素還元論をデカルトは言っています。

このデカルトはフランス生まれの哲学者で、自然哲学者、自然学者、そして数学者でもあり、要素還元論を提案しました。これは、例えば、(講演会場の生け花を指して)この花を理解しようと、ぱっと見たときには、黄色や赤や緑の花がいっぱいありますよね。形もさまざまです。でも、どうしてなのかな、すぐにはわからないねと。そうすると、分けて考えましょうと。この花びらを見てもわからないのなら、花びらを分けて考えましょう。次に、花びらの根元はどうなっているかを考えましょう。こうしてどんどん細かく分けていくと、どこかで理解できるはずだと。つまり、要素に還元していくとどこかで理解できる。理解できたら、それをもとへ戻せば全体が理解できる。そういう主張をしたわけです。これが近代科学のベースになっています。

先ほど言いましたように、人間の様相から動物、植物、文学、芸術、天文学、全てを一人の人間が考えることが基本だった。それが総合科学の時代だったわけですね。それが、分化していったわけです。それらの学問を一個一個理解するとわかりやすい。植物学は植物学の専門家、医者は医者、工学なら工学と分けて考えていくと、それらを組み合わせることによって全体がよくわかって進歩する。そう考えて、学問を個別に分けました。それが個別科学です。科は分類、科目の科ですから、一個一個違うものという意味ですね。科学というのは、文学とか社会学、数学、物理学など、個別の科学を科学と言ったわけです。その科学が日本に入ってきたのが明治時代です。ですから、明治の時代にすでに分かれてしまった学問が日本に入ってきたということです。

この科学という字は科挙の科ですよね。科目ごとの試験によって人材を挙げる。単なる個別学問の集まりを科学と言ったわけですが、いつの間にかそれはサイエンスということになりました。サイエンスは全て、全体ですね。それは明治時代の、文字を導入した人たちの文献の中に出てまいります。西周《にしあまね》先生は総合科学という言葉を使っています。要するに一個一個の科学を集めたもの。一方、同じような文章で、福沢諭吉の本の中には文学科学という言葉が出てきます。文学という分かれた学問。理学科学という言葉も出てきます。ところが、しばらくすると総合科学になって、その総合が取れて科学は全体を指すようになった。それが今、多くの人が使っている「科学」です。

科学の語源をサイエンスといたしますと、science（サイエンス）の語源は、知識を意味するラテン語でScientia（スキエンティア）という言葉が語源になっています。日本では一個一個の学問が一緒になりました。

それに対して技術というのはこれまた違った語源がある。ギリシャ語の語源でtechnologiaといいますが、「techne」という技巧と、何かを学ぶ「logia」をつけて、技巧を通じて何かを学ぶtechnologiaが語源になってtechnologyがあらわれました。そして、日本に入ってきたときには工学と訳されました。工学はエンジニアリングといいますが、engineeringはラテン語が語源で、ingeniumというもので、物を集めて想像する発明の才に富む知性だというのが工学だったわけです。日本では科学、技術、工学、あるいは場合によっては科学技術という言葉が一つになっています。

ですから、我々は語源をたどって、何を意味していたのかということをよく考えないといけません。どれに頼るのか、どれを精査していくのか、それを乗り越えるのかということを考えないといけません。

心はどこにある

デカルトの影響を受けて自然哲学を全部一緒に考えていた人たちは、専門家ごとに分かれて考えるようになりました。それぞれの専門家が知識を持ち寄れば、難しい問題も解決できると期待されました。こうして学問は分かれていきました。音楽・芸術、哲学、歴史学、文学、語学、法学、経済学、いわゆる文系と呼んでいる分野、情報学、物理学、数学、化学、農学、生物学、医学、薬学といった理系と言われるような分野、大まかに学問の木、知識の木、ツリーというものができ上がっていったのです。

ところが、現在、我々が依存している科学というのはそんな生易しいものではありません。学問の木の絵で言いますと、非常に多くの小枝、つまり非常に細かい専門分野にたくさん分かれていきます。したがって、専門家はたくさんいますが、みんなちょっとずつ違うことを奥深くやっている。学問の多様化・複雑化ですね。これが現代です。

ところが、我々が抱えているのは、心の問題や人間に関する問題です。これは難しくて、医学博士に聞いてもよくわからない。もちろん理学博士に聞いてもわからない。みんな木の枝のてっぺんにとまって、いっぱい新しいことをやっている。この枝を伸ばしているのですが、しかし、肝心の木の幹のように全部の科学を使って考える人は非常に減っちゃったということですね。これは問題だと思います。

デカルトさんが物に分けて考えなさいと言いました。例えば、心って何でしょう。心は皆さん、どこにあると思いますか（会場の人に質問）。頭にあると思う人は手を挙げてみてください。心は頭にある。そんなに多くありませんね。心は胸にある。まだ少ないですね。じゃ、あとは何ですかね。心はおなかにある。おなかにあるという方はおられませんか。手を挙げない人はどこにあると思われるんでしょうかね。

【会場の人から……全身】

全身にある。なるほど、それも一つの答えですね。

小学生に「心はどこにある」と聞いたら、どう答えると思いますか。中学生、高校生に聞くと、みんな「頭にある」と言いますね。小学生の答えは「先生、心は下にあります」と言うのです。「舌」ですか？「違う、違う。上下の下」だと言います。「えっ」と聞いたら、漢字を一生懸命勉強しているんですよ。悲しいという字は心が下にある。怨むという字も心が下にある。「先生、下でしょう、心は」。小学生はまだ心という概念が乏しいということですね。

心って一体どこにあるのだろう。デカルトさんは、分けよう、分けようと言いました。人間って何だろう。心って何だ。脳で考えている。じゃ、脳の研究をしてみようと、脳の研究が始まりました。でも、心は見つからなかった。もっと分けないといけないと、前頭葉だ、側頭葉だ、後頭葉だ、脳幹だと、デカルト流に分けました。いろいろ分けて研究を進めました。でも、心はわかりません。見つからない。じゃ、きっと脳細胞だ。細胞の研究はいっぱいやられていますよね。ｉＰＳ細胞だってそうですよね。しかし、わからない。じゃ、それをつなぐ神経か。神経学者がいっぱい勉強しています。でも、心は見つからない。

だから、分けちゃえばいいという単純な問題じゃないことがこれでわかりますよね。単純に分けただけではいけない。それはなぜかというと、部品に分けたときに、部品それぞれがわかっても、部品と部品をくっつけたときにできる相互作用があるわけです。片一方を変えたらもう一方が影響を受けますし、全身だと先ほどおっしゃった方もおられましたが、そういう相互作用を無視した結果、こういうふうになっちゃったんです。だから、科学と思想、これも分類といえば分類ですよね。これの相互関係を考えない限り、物事の本質は考えられない。今日のシンポジウムはそういうことで大変期待しているところです。

「未科学の世界」へのチャレンジ

二〇〇一年と比べ一〇年以上たって科学はどう変わったかという科学技術に関する意識調査をみますと（次頁参照）、長期の時間をかけて実施する研究は増えましたか、減りましたかというと、実は減っているのです。基盤的な研究も減っている。新しい領域を生み出すような挑戦的な研究をやっていますか。これも減っている。地域独自の課題についての研究も減っている。一方で増えているのは、異なる分野の融合を目指す研究。これはいい傾向ですね。

成果の出る確実性が高い研究、短期的に二年以内に成果を出せる研究、一時的な流行を追った研究が増えたと考えています。これはあまりいい傾向じゃありませんね。しかし、現実には競争競争、

科学技術に係る総合的意識調査
（NISTEP定点調査2012）

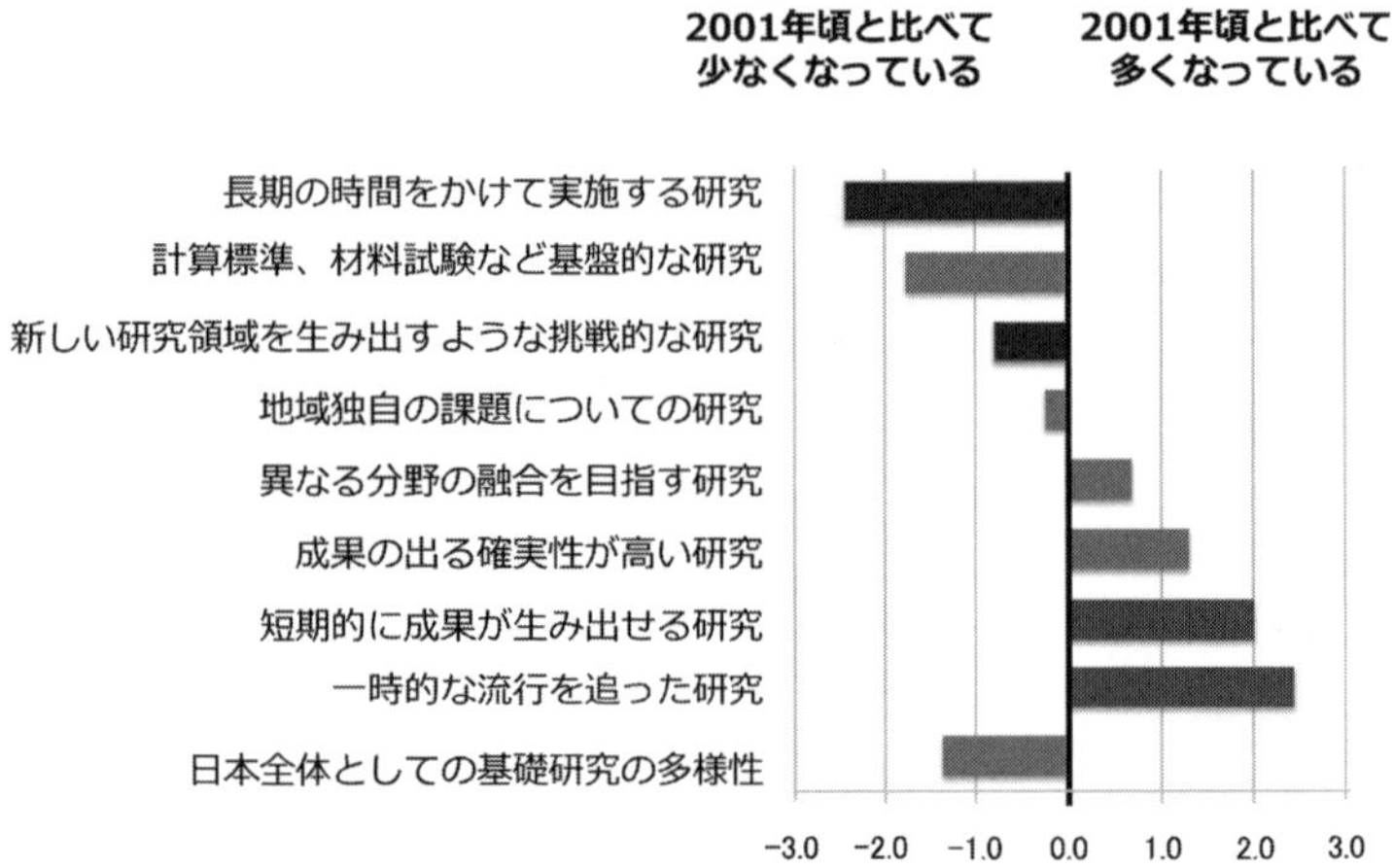

評価評価と言うものだから、このような状況になっちゃったんです。これもよろしくないと私は思っています。私は、評価は基本的には嫌いです。ですから、京大では、評価を全くしない、五年間自由に研究してくださいという集団をつくっています。

　科学は確かに進歩しました。日々進んでいます。しかし、科学と言われるのは、さっき言った論理性・普遍性・客観性とかというようなものを中心に上積みしていって、この世界の中で新しいものをどんどんつくっていっています。科学者は科学以外の世界は非科学的、非論理的、客観性がない、そんな論理的でない話はだめだと否定します。それを「非科学」と呼んで毛嫌いします。でも、本当にそれが正しいのでしょうか。

　実は、まだ科学になっていないだけ、我々が理解できていないだけで、真実はまだまだあると思います。そういう世界は「未科学の世界」だと思っています。そういう世界にチャレンジするかというと、科学者はほとんどの場合、チャレンジしません。意識調査の統計にあったように、絶対に成果の出る、絶対に論文の書けることをやろうと。人から見て、そんな非科学的なことをやるなと言われるような領域を研究して、あいつはアホかと言われたらかなわん、お金が出ないようだったらかなわんといって、やる人が減りました。しかし、本当に世界観が変わるような新しい研究というのは、科学という世界にはありません。この未科学のまだ発見されていないところにあるんです。これにチャレンジするのは非常に勇気が要るのです。

ですから、一生懸命チャレンジして、未科学だったところを科学に取り込むという勇気が必要です。これは大変難しいことなのですが、その勇気は必要です。例えば、京都大学の山中伸弥先生も未科学にチャレンジして、見事、ノーベル賞を射とめました。

旧約聖書には、女性であるイブは男性アダムの肋骨から創られましたと書いてあります。もちろん科学的な視点から言うと、「何、骨から人間。そんなものできるはずないだろう。バカを言うな」というのが今までの考えだったのですね。僕も子供のころ、〝骨から人間なんて〟と思いました。それでもう旧約聖書なんて、読む気がなくなりました。本当かなと、眉唾だと思いました。けれども今考えてみたら、皮膚細胞から心臓ができ、肝臓ができるんです。そうしたら、骨から全身ができないという保証がどこにありますか。そういうふうに、全く夢物語、アホな話と思われていたことに山中先生はチャレンジしたということです。

孫悟空だってそうです。毛をピュと抜いて、ふっと吹いたら、孫悟空がもう1匹あらわれたと。そんなアホなことがあるかいな、と僕らは思いましたけれども、すぐできるかどうかはわかりませんけれども、一応できる目途はついたということにもなりませんかね。だから、未科学のところにチャレンジすることは大変重要です。

例えばモーゼの出エジプト記には、海が割れたとあります。これも、子供のときに読んでいて「何、海が割れる。そんなことできるはずないだろう」と。さらに、エジプト兵が追いかけてきて、モーゼが杖を上げたら杖の先から光が出て、エジプト兵がバタバタ倒れた。なるほど、つくり話とはこういうものかと思いました。しかし、科学が進歩して理解が進みますと、杖から出た光はレーザー光線ではなかったか……。レーザー光を当てれば人は倒れますよね。私が今持っている、講演で使うレーザーポインターもレーザーですけれど、このパワーを上げれば兵器になります。

海の水が割れるでしょうか。実は、強い磁場をかけると水は割れます。水は反磁性ですから。それができたかどうかはわかりませんよ。この話とつながっているかどうかも全くわかりません。わかりませんが、全てのことを頭ごなしに否定するのはよくないという例で申し上げているのです。

ですから、昔の伝説とか神話とか宗教の話というのは、科学者は白眼視します。「あんなもの」と。でも、それは「あんなもの」と言うほうが間違っているという可能性のほうが高いと私は思っています。

神話だってそうです。イザナキノミコトが下界をちょろちょろとかき回してポトッと落としたら日本国ができたと。そんなアホな、と思うでしょう。神様が人をつくったとか、いろいろありますよね。こうした話は、ほとんどの人が心の底から信用していないと思いますけれども、宗教を信じている人たちは神話を信じている人が大分おられます。その間にギャップがあるわけですね。ですから、我々はこんなものはつくり話と言ってしまわずに、一応科学のメスを入れてみるということが、これから重要だろうと思います。

生き方あるいは学問というのは非常に幅広く、もちろん宗教の領域も含まなければならないし、科学も個別学問ではなくて全体を見なくちゃいけない。しかも、この両者が結びつくということが今後二一世紀の大きな仕事だろうと思います。

京都大学のチャレンジ

こうした高度に進んだ学問ばかりやっている学生を育てていますと、全体を見る人が出なくなるんです。そこで京都大学では、全体を見る人を育成しようということで、新しい大学院をつくっています。それは、この学問の木の基本的なところを勉強する「務本之学」、俯瞰的視野を持つ人を育成しようという大学院をつくっています。

昔は弘法大師のような偉い人が日本人の中にもいました。そういう人を育てられないか。こういうことが大変重要だろうと考えています。

人間というものについて、科学は生物的、物理的、遺伝的といった「物体」的観点であり、仏教は五蘊（肉体、知覚、感情、意思、思考）と言われるように、物体と精神の融合的観点から認識・構成していたと思います。では、空海さんは思想家だけだったかというと、そんなことはないことは皆さんご存じですよね。たくさんのため池をつくるなど土木事業を行いました。もちろん宗教家であり、政治家でもありました。いろんなことができた人です。天才だと思います。そういう人は現代では現れにくい。これは我々のシステムがおかしいと思っています。だから、大学も変えようと思っているわけです。

科学は、デカルトに従って極限まで抽象化して細かく分け、モデル化しました。仏教では、モノ的な原因と結果の関係、つまり因果関係を行為まで含んで考えようとします。どこかで両者の接点を設けないといけないと思います。

私も詳しくはよく理解しておりませんが、空海さんはこのように言っています。「我の習う所は古人の糟粕《そうはく》也。目前に尚も益なし、況や身斃るるの後をや。この陰すでに朽ちなん。真を仰がんには如かず」と。空海も、当時、京都にあった大学に行っていたのですが、勉強することは、昔の人が言った糟粕つまり残りかすだと。こんなことを勉強していても仕方がない、もっと考えなあかんと彼は思ったみたいですね。それで、こんなことばかり勉強しておったら、「この陰すでに朽ちなん」、朽ちてしまうだろうと。「真を仰がんには如かず」。要するに、大学は値打ちがないと言って大学を去ったのです。

現在の京都大学はそうなってほしくはない、そういう学生があらわれたら困るというので、全体のことを勉強してもらうような環境を整えようと思っています。では、どのように融合させるかです。京大の挑戦として、リーディング大学院、グローバルアカデミー構想、白眉プロジェクト、学際融合センターに取り組み、世界中から優秀な研究者を今集めています。分野を問いません。評価もしません。五年間はしっかりと研究してもらう。あらゆる取組みをしています。

「聞思修《もんししゅう》」という仏教の言葉がありますが、考えて行動できる人をつくろう、世界のリーダー育

京都大学の挑戦（抜粋）

リーディング大学院
グローバルアカデミー構想
白眉プロジェクト
学際融合センター

成のための大学院「思修館」をつくりました。医学・生命、情報・環境、法律・政治、理工、経済・経営、人文・哲学、芸術、語学に至るまで勉強してもらいます。もちろん研究論文も書いてもらいます。世界にも出ていって海外経験もさせます。

京都大学では、科学と心の問題、あるいは思想・宗教に至るまでいろんな問題を統合的に考えて、この困難な時代に立ち向かって、リーダーとして責任をとってもらうような人をつくりたいと考えています。

一方、白眉プロジェクトというのは、優秀な人に最長五年間、自由な研究環境を与え、自身の研究環境に没頭してもらおうというものですが、世界中から非常に優秀な人が集まってくれています。二〇人枠に対して六〇〇人ぐらいの応募で、三〇倍の倍率です。海外からは二〇〇人ぐらい応募してきます。その中で秀逸な人物を採用しています。

学際融合教育研究推進センターは、全学的・部局横断的な取組みに対して柔軟かつダイナミックに対応し、挑戦的に融合を仕掛ける新組織です。私は医者ですよ、私は工学者ですよ、私は農学が専門ですよというふうに、各専門だけでおさまっているると解決できない問題がいっぱいある。だから、そんな人はこのセンターにみんな集まっていらっしゃいということです。ここから何か新しいものができる。コンテストもやっています。最近では、京都大学にお金を出して寄附してくださる個人の方が増えてきました。これは浄財ですから、公金では出せないような賞金をこういう優秀な研究者グループに、少しですけれども配当しております。

最後に、人間生活はどんどんよくなる、あるいは持続社会を目指すと言っていますが、これはうそです。人口は増え、資源は枯渇していきます。簡単に言うと、社会が悪化する速度が改良・改善の速度（科学・技術）よりも大きいことから、このまま放置すれば文明力は必ず落ちます。だから、我々はこれを落とさないようにどうしたらいいかを、今考えないといけません。分化した科学だけやっていても解決しません。哲学的な考え方、思索と技術をいかに組み合わせるか、これが重要です。ですから、これによって再び立ち上がることができるように考えるべき世紀が今世紀ではないかと考えているところです。つまり、生き方の転換（欲望の抑制、思想）、改良・改善の速度（科学・技術）、この両者をあわせてやらない限り、先はそんなに明るくない、そう断言してもいいかと思います。

理系、文系なんて分けて教育しちゃいけません。高校になったら、あなたは文系ですか、理系ですかと聞くでしょう。あんなものはナンセンスです。全てを勉強してもらわないといけないし、あらゆる可能性を追求していただきたい。たかが四年間専門教育を受けたからといって専門家と名乗らないでほしいと思います。全てのことを勉強してほしい。社会人も大学に戻って研究してほしいなと思っているわけです。

ですから、最終的には文系、理系と言っているような学問をオーバーラップするような相互越境によって人を育てる「育人」が、これから必要だということを申し上げて、私の講演といたします。

どうもありがとうございました。（拍手）

講演Ⅱ

ダーウィンが来た…新しい因果性の科学

西川　伸一・ＪＴ生命誌研究館顧問

【略歴】

一九四八年　滋賀県生まれ。

一九七三年　京都大学医学部卒業。

一九八三年　京都大学結核胸部疾患研究所付属感染免疫動物実験施設助教授。

一九八七年　熊本大学医学部免疫医学研究施設病理学部門教授。

一九九三年　京都大学大学院医学研究科分子医学系遺伝医学講座分子遺伝学教授を経て二〇〇〇年より現職。

【受賞歴】

日本リディアオリリー協会清寺真記念賞、フィリップ・フランツ・フォン・ジーボルト賞、財団法人持田記念医学薬学振興財団持田記念学術賞。

はじめに

皆さん、こんにちは。タイトルを見て、NHKの人気番組を真似したなと思われたと思いますけれども、本当はまるっきり違って、私はあの人気番組に怒っているのです。なぜかというと、ちょっと生物好きの人が崇め奉るという人がダーウィンではないからです。今日はぜひその話をしたいと思っています。

本日は、先ほどの松本先生のお話を聞いても、宗教と科学がどのような形で物事を考えていったらいいのかということを考える会ですので、もう少しいろんな話をしてから、ダーウィンの話に行き着きたいと考えています。実際、私の話の最後には、松本先生がいろいろ問題提起されたものも、ダーウィンがかなり解決の糸口を教えてくれているのではないかと思っております。

これから話を致しますが、一つだけお断りしておかないといけないのは、私の話はわかりにくい。うちの教室の人も、先生の話はわからんと言うのですね。ものすごく努力はしますが、結構難しい話がいっぱい出てきますので、我慢して聞いてください。私の講演時間を休み時間にしていただいても全然問題ありませんので、そのぐらいの気楽な気持ちで、しかし、じっくり話を聞いてください。

科学と宗教の距離

私自身が宗教家の方と話すことはあまりございません。私が理化学研究所にいるときに、ノーベル賞を受賞した山中さんも含めて、日本の科学技術あるいは新しい医学をどのような形で皆さんのところに持っていくか、本当に患者さんの権利、あるいは試料（試験・分析・検査に供される物質。見本。サンプル）を提供してくれる方の気持ちをないがしろにしていないかどうかという問題がありますので、倫理委員会で審議してきました。倫理委員会は内閣府、それから文科省、厚生労働省、全部にあるのですが、そうした倫理委員会で、いろいろな方と対話をし、例えば日本で言えばクローン法案であるとか、ヒトES細胞といったいろいろな指針をつくることに関わってきました。

そうしたときには、必ず宗教家の方と話す機会があります。思い起こせば二〇〇一年ですから、今から一二、三年前に東京で宗教家の方々と科学者との対話集会に出席したことがあります。それを朝日新聞で紹介していただいたのですが、自分がどういうことを言ったかなと考えると、やはり不遜なことを言っていますね。「宗教は神が全てを創造し、全てを知るという決定論的世界観であるのに対し、科学は全く違う世界観なので、対立は解けないと思う」と。しかしながら、違いを認めながら誰もが納得いく意思の決定の新しい仕組みが必要である、というようなことを言っておるわけです。新しい研究所をつくってこれから頑張るぞというときですから、なかなか不遜だったなと思います。

一方で、大村英昭関西学院大学教授、もともとは真宗のお坊さんですが、この方は「仏教はいのちを実感し、仏の慈悲の中で生かされていると考えるが、生命科学の進歩は、受精卵という実感できない命の発端を発見した」という形で、戸惑いを示されています。

しかし、こういう状況がずっと続いた中でクローン法案ができていったわけです。結局、どこまで行っても平行線なのかという問題になるわけです。先ほどから松本先生もおっしゃいましたが、科学というと、なんとなく宗教や道徳と相反しているように見える。もちろん、科学をやりながら信仰を持っておられる方もたくさんおられることも知っています。しかしながら、わかりやすく言うと、地球がなぜ存在するかなんていうのは、なぜという目的を問わないのが科学です。一方、やはりこの世の中があるということの目的を問うのは宗教であり、人間の考え方ですね。そうすると、こういうことがずっと続けば、そのまま平行線が続くのではないか……。

では、どういう形でこの平行線を縮めることができるかについて、科学側で考えなければならないことは、宗教や道徳が対象にしていて、科学が対象にしていないものを対象にし直すということが大事ではないかと。わかりやすく言えば、価値であるとか、美であるとか、目的、善悪、こういうものは科学にはありません。これらはほとんどの文化で神と結びついていたものです。では、本当にこれらは科学の対象外であるのかというのがクエスチョンになるわけですね。

ただ、これを私はやはり宗教家としてやろうとは思いません。あくまでも科学者としてこれを扱えるかどうかというのが私の問題です。それはなぜかというと、例えば、生命あるいは道徳や価値、こうした新しいものは地球上の歴史では後から登場してくるわけです。生命というのは地球四六億年の歴史の三八億年頃に誕生します。生命ができる前は、地球は物理科学の法則しかなかったわけです。

地球に生命が登場すると、普通の物理科学の支配だけでは決して起こらないことが起こります。例えば、地球は生命が生まれるまでは全く酸素がありませんでした。ところが、生命が誕生することで酸素環境になってきますね。あるいは、道徳や価値というのは、僕は言語というものができて初めてこの地球上に現れてきたものではないかと思うわけです。新たに現れてきたものであるとすれば、それは研究対象になるはずです。

ですから、そういうスタンスで科学と宗教の距離を縮められないかと考えると、さまざまな目的であるとか価値、善悪というものは、物理学的な考え方でいくと非実在であり、科学の対象とならなかったわけですね。すなわち、実在性と原因と結果がはっきりしている因果性を基本として物を考えるというのが今の科学の考え方です。

しかし、私自身、何かの目的のために生きているのかもしれませんし、多くの動物も、見るために目がある、というふうにみたほうが理解しやすいことがいっぱいあるわけです。そういう原因と結果という問題に関しても、昔はもう少し緩く考えていたわけです。

科学と神と因果性

アリストテレスという人は、原因と結果については単純ではない、物事が存在する理由には四つの原因があると考えていました。それは質料因（何で出来ているのか）、作用因（運動の原因）、形相因（抽象的本質）、目的因(目的)の四つです。目的のために何かが動いていいのだと。それが逆に今の世界の中にあるということをアリストテレスは言うわけです。

しかしながら、基本的には因果性というと、皆さんも生活の中で、原因があってその後で結果が起こってくる、それを実在として見るということにまず重きを置いていると思います。宗教を持っ

科学の歴史を実在と因果性から見る

16世紀以前の西欧を含む世界では、実在と非実在の世界を完全に区別する事はなく、非実在が実在に作用できる事は当たり前と考えられていた。

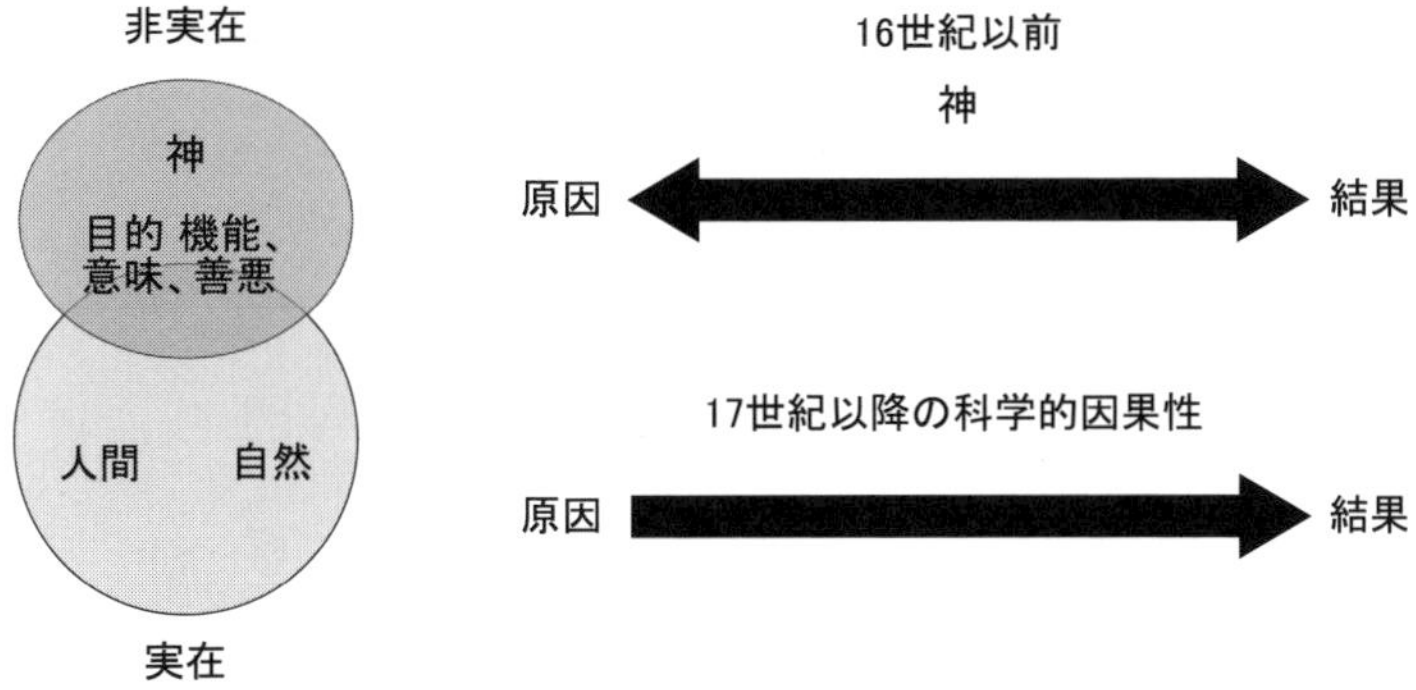

ておられる方も日々の生活の中での現象の観察というのをされているのではないかと思います。しかしながら、物理というようなものに目的因や形相因というものを本当に考えられるだろうかというのは、星を眺めて見たりする人の素朴な気持ちとしてあるわけですね。実際には地球のあらゆるところでこういうシンプルな因果性というものはなかなか対象になってこない。

　これを実在性とともに対象にできるかどうかというのが、先ほど松本先生がおっしゃった近代科学の誕生です。別に西欧だけではなく、私たちは毎日の生活の中に実在部分と非実在部分を抱えて生きているわけですね。それは科学者も全部そうです。それを全て神という問題に帰しておくと、比較的理解はしやすいわけです。ところが、物理学やいろいろな科学をやっている人から言うと、この非実在部分を、実在部分にしっかりと根差したものとして考えるという思想は科学にとっては邪魔なわけです。

実際、神様が例えば原因と結果という因果性にどのように関わるのだろうと考えると、難しいですね。例えば、エルサレムにはお棺がずらっと並んでいるのです。ユダヤの人たちは最後の審判のために生きておられるわけで、その最後の審判のときに一番いい場所をとるために、高いお金を出してお墓を買っているわけです。ですから、異様な光景といってよいほど、エルサレムの場所にはずっとお墓が並んでいます。もちろん少々高いマンションを買う値段では買えないぐらいの値段だそうです。逆に言うと、目的が原因と結果というものを支配すると認めると、物理としてどのように考えていったらいいのかわからないのですね。

ですから、科学にとって最初にやらなければならなかったことは、残念ながら実在性と非実在性を一回分けるというプロセスをとることでした。実在性と単純な因果性だけを対象にすることが近代化の必須要素であり、近代化の哲学・科学両方ともに必要だったわけです。

なぜこれが西欧だけで起こったかというのはおもしろい問題だと思います。簡単に言いますと、おそらく仏教やユダヤ教、イスラム教では起こらない。なぜかというと、イスラム教やユダヤ教は神と人間の関係があまりにも非対称ですね。神の言うことは言うこと。神にちょっとよそに行ってもらうということは絶対にあり得ないですね。仏教とか一般的な神道等の神の場合は、世俗化している部分はありますが、なかなか神を棚上げしようにも、たくさんあり過ぎて難しい。

ところが、キリスト教だけが世俗化した一神教だったんですね。これは僕のドグマ（独断的な意見）です。イスラム教やユダヤ教の教会には絵も何もないですが、カトリックの教会には、美しい絵から彫刻などがいっぱいありますね。これは世俗化した一神教であったゆえに、棚上げしやすかったのです。

神の外化―デカルトとガリレオ

科学は一体化している構造から神を自然や人間から外化させるということが必要だったわけです。その神の外化に貢献したのがデカルトとガリレオです。このときに、棚上げされたのは神様だけではないんです。目的、機能、意味、こういう因果性の非実在部分が全部一緒に棚上げされます。

デカルトとガリレオはどのように神の外化を達成したのか。実際に、これをやるというのは大変なことで、デカルトもガリレオもカトリックから迫害されます。そして、二人はまるで反対のやり方をやっているんですね。デカルトというのは下からの動き、いわゆるボトムアップで行い、人間という実在からスタートして神の外化というのをやります。一方、ガリレオは、トップダウンで行います。

デカルトは、皆さんが一番よくご存じなのは「我思う、ゆえに我あり」ですね。それは「方法序説」という本に書かれています。「方法序説」は、自分が一番信頼できる一つのドグマ、「自分がいて考える」というところからスタートして、どういうことが可能かということをボトムから、人間の側から考えたんですね。この「方法序説」では神の証明も行っています。デカルトというのは当時の人に大変人気がありました。迫害されていたのですが、この「方法序説」、今はほとんど読まれていないのかもしれませんが、当時は何と三〇〇〇冊売れた。七版も版を重ねています。

ただ、デカルトは残念ながらスウェーデンで死にます。それはなぜかというと、スウェーデンの女王様が真冬にデカルトの話を聞きたいと。何でそんなに人気があったかというと、それまでは神というのは自分で考えるものではなかったわけです。ところが、デカルトが証明するというのだから、それはちょっと話を聞こうかなということになり、女王が軍艦を仕立ててデカルトを招待したのです。ここまでされたらデカルトもちょっと行かないといかんなということで、「冬は寒いし、嫌だな」と言いつつ、寒いスウェーデンに行って、風邪を引いて死んでしまいます。そのぐらい人気があったわけです。「我思う、ゆえに我あり」からスタートして、神の証明、すなわち、証明する対象として神を考えたのです。

デカルトは二つ重要なことをやっています。一つは主観主義です。わかりやすく言うと自分で考えるということです。もう一つは二元論で、心と体を分けるということです。何で分けたかというと、わからないことは追求しないで放っておけということです。心というのはわからないですね。しかし、わからないことは放っておくことができるとなると、機械部分だけやっておけばいいわけですね。この2つの方法でデカルトは神を外化したわけです。

一方、ガリレオはトップダウンの方法をとります。ガリレオは、「哲学は私たちの目の前に絶えず開かれているこの巨大な書物（宇宙）に書かれております」と。すなわち、神を実在の宇宙とすり替えるわけですね。このトップダウンの方法がガリレオの戦略です。実際にそのすり替えた神が宿っている宇宙を知るためには数学と実験が必要ですよと言うわけです。科学のみが客観性をもって神に迫り得ると考えたのです。ガリレオはトップダウンの方法で、とりあえず神を宇宙と見立てて、宇宙なら実在として科学の対象にできるじゃないですかという発想で研究をやるわけです。ガリレオが迫害されたのは、「それでも地球は回っている」と言った事だけが理由かどうかはわからないと僕は思います。それはなぜかというと、ガリレオはこの後に何を書いているかというと、聖書という極めて恣意的な言葉の書かれた本をそのまま正しいとして押しつけるのは間違っていると書いているわけです。そんなことを書いたら教会は絶対怒りますわね。そういうことのかわりに、絶対動かない数学と実験というのがありますよということを言います。

これがデカルトとガリレオを分ける大きな分かれ目にもなるのですが、実際にガリレオが近代科学を誕生させる。デカルトはボトムアップでやったけれども、近代科学の誕生には至らなかったという一つの大きなポイントです。神を物理的実在にかえていくことで、因果性や実在性というものを、少なくとも神のエリアと混同するのをやめて対象にすることができるようになります。

近代の誕生により、実在性のみが科学や哲学の対象となります。その結果、価値、善悪、目的などは科学の対象から外されはじめます。ただ、17世紀に生きたガリレオ、ニュートン、そしてデカルトも、キリスト教の神かどうかは別にして、神的な存在というのをしっかりと信じています。

科学と哲学

ところが、一八世紀になるとロック、バークレー、ヒュームといったイギリスの経験論が現れます。とくにデビッド・ヒュームという人は、「正直者になれ」というわけです。非実在なら実在しておるはずはないと。

これについて一番悩んだのがドイツ人の哲学者カントです。どういうことかというと、カントはもう一度神を取り戻そうということで悩んだのではなくて、神がヒュームによって否定されてしまうことによって、目的、機能、意味、善悪といった非実在部分も全部消えてしまうじゃないかと悩んだのです。

これは困る。なぜ困るかというと、カントは哲学者です。しかし、自然科学にものすごく造詣が深いんですね。この自然科学と哲学というものが目的、機能、意味、善悪というものがなくなって、科学だけがコンセンサスをとる手続を持っていくと、どうしようもなく分離してしまうなということに気づいたのです。

カントは基本的に科学と同じように哲学をやることが可能か、ということを真剣に考えた人です。これは私が考えているだけですが。

実際に科学とはどういうことかというと、皆さんと私が、これは大体認められるねという手続を持っているかどうかです。科学の場合、先ほどガリレオは、数学と実験があると、実験で見せれば、皆さんだって信じてくれる。それからその後、技術というのがあって、わかりにくい物理学でも携帯電話として実際に使っている。

こういう形で事実を共有できるような構造ができているのが科学ですが、哲学の場合、なかなかそうはいかない。じゃあどうしようかなというので彼は一生懸命考えます。しかし、私が見る限り、そうはうまくはいかない。一八世紀というのは、カントの努力にもかかわらず形相因、目的因を除外してアリストテレス的なシンプルな原因と結果という、ニュートン力学も含めた因果性と実在性の学問を確立する世紀です。

私が強調したいのは、ヒッグス粒子もそうですが、科学で今、正しいと言っているものが本当に正しいかどうかはもちろんわかりません。実際にこれは多くの人が正しいであろうと一応認め合うことができる。科学には、その認め合うことができるための実験や数学という手続があります。

一方、哲学の場合はなかなか難しいですね。カントが言っていることとヘーゲルが言っていることについてコンセンサスをとるとか、あるいはフランスとドイツの哲学者がコンセンサスをとるというのはなかなか難しい。哲学は概念を検証する手続を持っていません。つまり、哲学者の数だけ概念が存在するという哲学の多元性は、この概念の検証不可能性に起因します。そういう形で、なかなか多元性から抜け出せないという問題があります。

現在の物理学を見ると、びっくりするようなことが起こっていますね。ヒッグス粒子もそうです。僕らがちょっと頭で考えても、本当かな、と思うようなことが真実とされて、しかもその一部は技術として皆さんが使っていることに気づきます。

例えば、一番びっくりするのは相対性理論ですね。一般相対性理論の重力場あるいは慣性・重力という問題を考えると、ニュートンが言っているように押して動くというのではなくて、時空の曲がりであるとか、そういうようなもので慣性を説明しようとしていますね。これを物理学の幾何学化と言うそうですが、アリストテレス的に言うと、形相因の復活ではないかと僕は思います。すなわち、そういう考え方で形相因ぐらいまでは今、物理学に入っています。しかし、基本的にアインシュタインの考え方も、単純な因果性がどこまで正しいかということをずっと突き詰めた上で考え出されてきたものです。

　こうした物理学の実際をみると、ちょっと頭で考えられないことが多くの人の認めることとしてコンセンサスになっていますから、哲学者は、これはすごいなと、びっくりします。フランスの科学哲学者のバシュラールは、「相対論的諸学説の最も明白な外的特徴の一つはその新しさである」、要するに相対論は何ですばらしいかというと、その新しさだと言い、「その新しさは哲学者をおどろかす。哲学者はこれほど異例な攻勢に直面して、急に常識と単純さの擁護者になってしまう」と言っています。

　これはどういうことかというと、物理学者がヒッグス粒子も含めてこの世界に見ているものは、考えられないぐらい新しい。少なくとも僕らの頭の中で考えられないぐらい新しいということを哲学者が感じて、それについていくことの難しさを語っているのです。

　もちろん、多元的であるから哲学の役割が全くない、とは僕も思っていません。イギリスの数学者で、その後哲学者に変わったホワイトヘッドという人は、「哲学というのは一般性を求める学問で、科学というのは実験であれ、数学であれ、基本は特殊である。この特殊性というもの、あるいは具体的な諸事実、一個一個の事実しかないものをつむぎ合わせるということを、哲学として今後やっていったらどうか」というのが彼の提案で、一八世紀以来、哲学というものが、少なくとも真実性の追求という意味では見失ったところはありますが、今後、どこかで一緒になれる可能性はあります。

　しかし、物理学の世界だけ見ていると、科学と一般的な非実在の因果性として僕らが感じているものとはまるっきり違う世界で、なかなか一緒にならないように思えますね。ですから、このまま世界が進めば、哲学者と科学者はいがみ合って、とりあえず倫理会議か何かのテーブルには一緒に座って話はするけれども、交わるところがないと考えざるを得ないという感じになると思うのです。

そういう中で、物理科学だけの因果性だけで説明できない現象があると考え始めた人たちがいます。すなわち、物理科学の人はそのまま物理科学をやれば生物学がわかると考えていますが、物理科学ではわからない生物学があるのではないかということを一八世紀に考え始めるのです。どうして生命が誕生するのか、どうして地球上にかくも多様な生命が存在するのか、こうしたことについて一八世紀で一番頑張って考えたのはカントです。

カントは『判断力批判』の中で、美と生物を説明しようとしました。それで一つ気づくのは、未来のために私が今生きている、という時間の逆転というものはひょっとしたら生物に特有であり、生物に特有ということは地球上の物理法則と違っても、科学の対象として説明すべきと考えました。それは何かまるっきり超自然的なものが生物をつくったのではなくて、全く一つの世界としてあるプロセスに乗っているものだとすると、生物が生まれるということで新しい法則が生まれた。その中に目的や価値といったものも入っているのではないかと言うわけです。因果性について言うと、原因と結果というものとは違って、未来が因果性に影響する再帰的な仕組みはないだろうかというテーマを追求します。しかし、未来にある目的のような非実在が実在に影響するはずはないということで、なかなか進まないのですが、本当に科学としてこの非実在部分を研究できるかどうかというのが一八世紀以降のテーマになります。

ダーウィン以前の進化論

ダーウィン以前の生物観には Scala Natura という考え方がありました。上位の神から下の石までずっと階層があり、神が天使をつくり、人間をつくって、最終的にいろんな虫をつくったという考え方です。トップダウンの考え方ですね。

ところが、それをひっくり返そうという運動がやっぱりあるわけです。すなわち、Scala Natura ではなくて、その逆ではないだろうかと。それが進化論というもので、進化があるかどうかというよりは思想なんですね。

すなわち、上からではなくて、単純な動物から複雑な動物への進化が起こるという発想です。こうした説を最初に提唱したのは、ダーウィンのお祖父さんであるエラスムス・ダーウィンです。この人は詩人でありマルチタレントなのですが、「Zoonomia」という本を書きます。この本は結構スリリングな内容であったために、本当にこの本を出版できるかどうかというのはかなり難しかったのでしょう、この本を出版した人はすぐに刑務所に入れられます。この本で、エラスムス・ダーウィンは、Scala Natura という上からの考え方とは違う下からの考え方を初めて言ったんですね。もちろんデビット・ヒュームやカントと同じ時代の人です。とはいえ、決して無神論を標榜するということはなかなか許されることではありませんでした。

もう少し後になって、フランスからラマルクという人が出てきます。このラマルクの銅像がフランスの自然史博物館に立っています。フランス人はラマルクが進化という思想を初めて打ち立てたと考えています。思想から言えば、ラマルクは初めて進化の思想、すなわち単純なものから複雑なものが生まれてくるという思想を『動物哲学』という本にまとめたのです。

彼は単純な生物がどうして複雑化するかといったときに、目的に合わせる生物の力を持ってきます。例えば、キリンの首は、高いところのものを食べたくなったら首が伸びてくるという発想をするわけです。これを「用不用説」といいますが、必要な体の形が徐々に変わる。これが生物の目的に合わす力であって、その長い首というのは遺伝する。当時、遺伝という概念はなかったのですが、子孫に伝わると考えたんです。必要が新しい機能を生み、新しい機能は遺伝するというのです。これは、ある意味では自然科学の中に目的を取り戻してきているわけですが、しかし、考えてみると、あまり大きな思想的転換はありません。

ダーウィンが考えた新しい因果性

そういう中で現れたのがダーウィンです。ダーウィンは哲学や科学、宗教も含めて、世界では全く思想の分離しかないという厳しい時代に現れてきたわけです。ですから、これから生きていく地球の一つの思想として、テレビの人気番組が伝えようとしているよりはるかに大きな思想があります。皆さんは、ダーウィン＝進化論という形で考えますが、先ほど言った因果性の問題から考えると、物理的因果性とは異なる新しい因果性を考えたということができると思います。

ダーウィンが書いた『種の起源』では、皆さんと同じようにたくさんの多様性がある中で、その環境に合わせて、良いものが残る。実際に同じ種から、同じ祖先から、これほど違う形のものができるじゃないかと。たまたま、変異によって生殖能力に差が生まれると、美しい個体、あるいは汚いほうという、そういうのは価値で非実在的なものですが、そういうものが選ばれたように見えるということを言うわけです。

この発想はラマルクとまったく異なります。ラマルクは、頑張れば首が長くなって、首の長いキリンになると。ダーウィンは首の短い個体は死ぬと言うわけですね。言い換えると、首が長くなるという目的を排除して説明するわけですね。すなわち、目的にみんな合わせられるのではなくて、目的というものはもともとなくて、たまたまどれかが選ばれるということです。

ダーウィンの自然選択説には、目的論の持つ回帰性があります。どういうことかというと、皆さんの中に一人、H７N９という、三月（平成二五年）に、一三〇人の中国の方が感染して四〇人が亡くなったという鳥インフルエンザにかかるとしますね。ほとんどの人が亡くなるわけですが、一人だけそれに抵抗力を持っている人が残るわけです。しかし、ちょっと考えてみると、抵抗力のある人のために何かが発達するのではなくて、最初から抵抗力のある人がいた。すなわち、結果が最初からあるという因果性の逆転がダーウィンにはあるんですね。目的があるのではない。結果が最初から存在しており、それが選ばれるだけであり、後から振り返ると目的があるように思える。

これはわかりにくいので、もうちょっとわかりやすい例を挙げてみます。例えば、皆さんインフルエンザのワクチンを打ちますね。どういうことを期待するかというと、ワクチンであるインフルエンザのたんぱく質を注射すると抗体、要するに抵抗力ができます。ですからワクチンを打つというのが原因で、抵抗力ができるというのが結果ですよね。これは要するに科学的因果性で説明するとそういう話になります。

しかし、実際に体の中で起こっていることを調べると、利根川さんや免疫を研究してきた人たちが明らかにしたことですが、抗原に反応する、要するに抵抗力は皆さんの体の中に最初からちゃんとある。ただそれが増えるだけであるということがわかっているわけです。ですから、結局、何か目的のために新しいものが生まれるのではなくて、すでにあるものが選ばれるだけであるという、一種再帰的な因果性というものが、初めて科学の因果性として考えられるようになったんです。

ですから、これは目的やデザインといった非実在のものを、ちゃんと科学として考えられますよと言ったことになります。これはすごく大きなことで、ダーウィン的再回帰性という新しいツールです。非実在部分も含めて科学として考えていくことが可能かもしれないという希望みたいなものがわかってきた。ただ、進化論の力学については、まだ研究するところがいっぱいあります。今、JT生命誌研究館にいるというのは、そうした問題をぜひ考えたいと思っているからです。

機械（物質）と情報（非物質）

このダーウィンのツールだけだと皆さんなかなか説得されないんですが、二〇世紀にはもう一つのツールができてきているんですね。それが情報理論です。僕らみたいな素人から見ても、二〇世紀というのはもう一つのツールをつくってくれたと思っています。クロード・シャノン、ノバート・ウィナー、アラン・チューリング、ワトソン・クリックといった情報の巨人と言われている人たちが現れます。

こういう人たちが何をしたかといいますと、シャノンは、例えば日本で株価が上がったという情報をアメリカに送ったときに、本当に上がったと読んでくれるかどうかということを一生懸命理論的に研究するわけです。すなわち、メッセージを送ったときに、それが正確に伝わるかということです。伝えること自体は銅で出来た電線のような物理科学的な実在部分を通して伝えるわけですから、実在部分とそういう非実在のメッセージという部分との相互作用というものを考え始めたのです。

それからアラン・チューリングはコンピューターの原理を考えた人で、実際にチューリング機械を考案しました。こういうことができれば情報を有限ステップを経て機械の動きにできますよということを言ったのがアラン・チューリングです。チューリング機械はシンボルが書いてあるテープ、有限のステップから成っている機械（ヘッド）と、それを読み、書き替えたりするセンサー。この三つがあれば計算機はできますよということを言ったのです。これらは第二次世界大戦前の話です。

このように二〇世紀は機械と情報、すなわち物質と非物質というものの関係を考えるさまざまな数学やテクノロジー、いわゆる科学を開発していったわけです。そんなもの当たり前じゃないか、とおっしゃるかもしれませんが、これは私から見て、もう一度新しいツールが見えない因果性の科学に加わった。

情報による制御というものを今までの因果性の科学の中でどう位置づけるかはなかなか難しい問題ですが、基本的に、物質としての機械と非物質である情報を対応させ因果性を成立させられることが示されたわけです。

もちろん、遺伝子についていうと、DNAという遺伝子は情報でたんぱく質は一種機械部分です。実際に体の中で働いているのはたんぱく質で、DNAというのは、DNAが働いているのではなくて、DNAの上に書いてあるATCGの並びが情報として働いているわけですね。ですから、情報ですよといってDNAを出しても、それが読めないと情報にならない。今、会場の皆さんの中にノートをとっている方がおられますが、ノートをとっているというのは情報をそこに写しておられるんですが、物質としては何だと言うと、紙とインク、紙と黒鉛ぐらいですね。一方、実際にそこに描かれていることは紙と黒鉛で表現は絶対できないですね。そういうものですね。

私から見て、ダーウィンに始まったもう一度新しい因果性を求める探求が地球を救ってくれると思っています。一七世紀、神とともに自己や自然から排除した現象の一部が再帰的因果性、あるいは情報(非物質)の因果性というツールで科学の対象となる可能性が出てきたわけで、これからやっていかないといけないと思います。

二一世紀の課題

実際に私たち個人を考えますと、遺伝子から言語、文字、さらには今だったらビデオから写真、録画に至るまで全部、いろんな情報が一つの個人の中に統合されていますよね。

たぶん二一世紀は、ヒトゲノム解読をホワイトハウスで宣言したことに象徴された世紀になるのではと思っています。

ですから、二一世紀の課題ですが、二一世紀は今までの分けて分析するという発想ではなくて、実際には地球四六億年の歴史の中で生命、あるいは文字が新しく生まれてきた、そのプロセスをどう説明すればいいのかということが重要な課題になると思います。

ダーウィンは進化論の親玉みたいに言われるけれども、やっぱり何もよくわかっていないことを正直に述べています。何がわかっていないのかというと、進化論の最後のフレーズで、彼は最初に地球に生まれた一つか二つの原型から、皆さんも含めた多様な生命が生まれているということに関しては理解できるが、この最初の原型が生まれたのはどうしてかというと、「生命はいろいろな力が、一握りの、ひょっとしたらたった一つの原型に吹き込まれて始まった」という極めて情緒的な表現しかできていません。

しかし、彼がすごいのは、物理と生物とは違うということを「惑星が永遠に変わることのない重力法則による回転を繰り返している間に、これほど単純な始まりから、最も美しいすばらしい果てしない形態が進化し、また進化し続けている」と明確に言っています。これが『種の起源』の最後の言葉です。

二一世紀の課題を考えるとき、このダーウィンの残した問題を解決するということは重要だと思います。DNAを媒体とする情報が生命とともに地球上に登場することで、地球環境は酸素の多い酸化型の環境に変わります。そして、二万年前、言語というまったく新しい情報が登場することで、科学・技術が生まれ、今や炭酸ガスが増えることを私たちは心配しています。したがって、ダーウィンの問いを、情報がない地球にどう情報が誕生したかという問いに置き換えて考えることは重要だということをわかっていただきたいと思います。

ですから、情報としてはＤＮＡや言語というものを研究すればいいと思いますが、じゃ、何もないところからそんなことが可能かとおっしゃるかもしれないので、最後に一つだけお話しします。老子の言葉で、よく使われる言葉があります。英文をたまたま私が訳したもので拙い訳で申しわけないですが、「空虚な穴も、三〇本ものスポークが車軸に集まると、車輪となって空間を回転が可能になる」と。それから「粘土で虚空を囲んで器へと形を整えると、物で満たすことのできる空間が生まれる」。すなわち、皆さんがデザインして形を作っているのは、道具として使うところではないんですね。使っているのはあくまでも空間なんです。ですから、デザインや形相、制約、情報、こういうものがあると、今までなかったものから物をつくり得る可能性が十分あると僕は思っています。

おそらく二一世紀は全人類が科学者になることを可能にするさまざまなテクノロジーが進んできているので、今まで難しいと考えていた主観と客観の問題も、この二一世紀の課題として、先ほど松本先生がおっしゃった白眉のプロジェクトや思修館でぜひスタートしていってほしいと思っています。

今日は科学者の一方的な考え方を述べました。哲学に関しても完全に私のドグマです。それを、しかも、多分わかりにくく、申しわけなかったと思いますけれども、今後もこういうスタンスで皆さんとも対話を繰り返していきたいと思います。

ご清聴、どうもありがとうございました。（拍手）

講演Ⅲ

心は遺伝子の働きを調節する

村上　和雄・筑波大学名誉教授

【略歴】

一九三六年　奈良県生まれ。
一九五八年　京都大学農学部卒業。
一九七五年　バンダービルト大学医学部助教授。
一九七八年　筑波大学応用生物化学系教授。
一九九四年　筑波大学先端学際領域研究センター長。
一九九九年　筑波大学名誉教授　公益財団法人国際科学振興財団理事、同バイオ研究所所長。
二〇〇八年　全日本家庭教育研究会総裁。
二〇一四年　(公財) 日本教材文化研究財団理事長。
ダライ・ラマ法王とも深い親交があり、二〇一二年及び二〇一五年、東京で開催された「ダライ・ラマ法王と科学者との対話」の実行委員長を務める。

【受賞歴】

朝日学術奨励賞、マックスプランク研究賞、つくば賞 (茨城県科学技術振興財団)、日本学士院賞、瑞宝中綬章。

はじめに

皆さん、こんにちは。今日の第一講の松本先生、第二講の西川先生に大変すばらしい話を聞かせていただきました。これだけで皆さん方は十分に元を取れたと思いますので、私の話はおまけのつもりで聞いていただきたいと思います。私は、科学は知的なエンターテインメントだと思っておりますので、そういう気持ちで気楽に聞いていただきたいと思います。

私は生命科学の分野に五〇年ぐらいおりまして、後半は遺伝子の研究をやってまいりました。遺伝子の分野は本当にものすごい進歩で、現場にいる私どもの想像を超える部分があります。生物の全遺伝情報をゲノムと言っていますが、間もなく、このゲノムが約一〇万円で、数日あるいは一日ぐらいでわかる時代が来ると言われております。これは現場にいる私どもの想像を超えております。もし自分の情報が欲しければ、一〇万円で手に入るわけですから、ICチップか何かに入れておいて病院に持っていきますと、〝あなたの遺伝情報によればこの薬がいいと思います。この治療法がいいですね。〟といったような個別化医療と言われる、一人ひとりのゲノムに応じた医療ができる可能性があります。

そうした現場におりまして、私どもが何の研究をしているのか、生き物はいかにすばらしくてすごいものであるか、そういう話をさせていただきます。

心の働きが遺伝子の働きに影響を及ぼす

私は現在、「心と遺伝子研究会」という研究会の代表を務めております。先ほどから心とはどこにあるのですかという質問が出ておりますが、心はどこにあるかはよくわからないというのが正直な答えであります。しかし、心がないと思っている人はいないわけで、心は体に大きな影響を与えます。例えば、好きな人といるときは時間が大変短いし、疲れない。嫌なやつに会うときは、私は気が弱いものですから、行く前から疲れてしまい、帰ってきたら寝込むぐらい疲れる。何でこんな大きな差が出てくるのか。心は体に大きな影響を与えていると思っております。

しかし、体の中ではっきりわかっている情報は遺伝子であり、私は心の働きが遺伝子の働きに影響を及ぼすと考えて研究会を設立しました。最初に一緒にやったのはお笑いの吉本興業さんであります。私もいろんな方と一緒に研究してまいりましたが、吉本興業と組むというのは全く予期しておりませんで、人生は不思議なことが起こります。

吉本興業と組んで何をやったかといいますと、笑いがなぜ健康にいいのか。そのとき、もし健康にいいなら、どの遺伝子のスイッチをオンにするのか、あるいはオフにするのかという研究をやってまいりました。

先ほど言いましたように、ゲノムの全遺伝情報の解読が終わりまして、その遺伝情報が端から端まで読まれました。そして、ＤＮＡというのは自分では働かなくて、たんぱく質とかホルモンをつくって働くわけですけれども、たんぱく質やホルモンをつくっている部分は全ＤＮＡのうちの約二

％であるということがわかりました。二％しか働きがわかっていないのです。あとの九八％は何をしているか、さっぱりわからないのであります。サボっているのか、寝ているのか、将来のために備えているのか。

働きのわからないＤＮＡの部分はジャンクＤＮＡ、ＤＮＡのくずだと言われていましたが、九八％がジャンクであるというのはおかしいと思っておりましたところ、最近、くずだと言われる中に遺伝子のオンとオフに関係する部分があるらしいということがわかってきました。しかし、まだほとんどＤＮＡの全体の働きはわかっておりません。そうすると、体にとっていいＤＮＡのスイッチをオンにして、悪いＤＮＡのスイッチをオフにすることができれば、私どもの可能性はまだまだ伸びるということが科学の言葉でわかり出したということであります。

吉本興業とのコラボ

それで、まず私は笑いの実験から入りました。しかし、笑いを科学にするということはなかなか難しい。そこで、二つのグループに協力を依頼いたしました。一つのグループは若い学生さんであります。もう一つのグループは糖尿病患者さんでありますが、本日は若い学生さんがほとんど見当たりませんので、糖尿病患者さんの話をさせていただきます。

糖尿病の授業でおもしろい実験を一つ披露します。アメリカの大学で、教授が講義のためにビーカーに入った液体を持ってきて「これが何か当てろ」と学生に質問しました。ヒントがないから、当たらないんです。「実は、今日から糖尿病の講義を開始する。糖尿病というのは糖に尿が出るから糖尿病という名前がついておって、この語源は蜜のように甘いというところからきている。この尿はちょっと甘いはずだ。大昔の医者が、この人が糖尿病かどうかをどうしてチェックしたかというと、この尿をアリがたくさん集まるアリ塚にまく。甘いから、アリが寄ってくる。普通の尿は寄ってこない。これが糖尿病の診断法だった」と言うわけです。それから、もっとすごい医者は、尿の中に指を入れてなめて「いや、悪くなってきたな」とか「快方に向かいつつある」とか、こんなことまでやった医者がいる。「医者はたまには患者のためにこういうことをやるべきだと私は思うので、私がやってみる」というので、指を入れてなめたのです。学生が「ヒャーッ」と言いました。教授が「おまえたちは将来医者になるんじゃないか。なめるぐらい、何だ。この尿は搾りたてだ。置いておくと、酸化されてくるんだけど、一番搾りだから、やれ」と命令したんです。誰も嫌がって、やりませんでした。

そうしたら、教授は「なめないやつは単位を出さない」と言うのです。単位をもらわなきゃ医者になれませんから、学生は覚悟しました。〝教授が毒見をやったのだから、毒にはならないだろう。酸化される前に早くやろう〟というので、先を争ってやった。全部終わって「よくやった。医者には勇気が要る。しかし、実は勇気だけではだめだ。おまえたちは俺の指の動きを最後まで見ておったか。俺が入れたのは人さし指で、なめたのは中指である」。医者には勇気と冷静な観察眼が必要であるいうことです。こういう講義を糖尿病の最初の時間にやるというのを思い出しました。

話を戻します。とにかく吉本興業と一緒に実験を開始しました。どのような実験を組み立てたかといいますと、実験を二日に分けました。前日と当日であります。前日は、糖尿病患者さん二十数名のボランティアの方々に集まってもらい、軽い昼ご飯を食べてもらいます。その後にすぐ「糖尿病のメカニズム」という講義を教授からしてもらいました。皆さんよくご存じだと思いますが、例外はありますが大学の教師の講義というのはあまり面白くないんですね。わかりづらい。ジョークもないわけです。特に下手な講義をお願いしたわけじゃなくて、いつもどおりの講義を四〇分やってくださいと。四〇分やった直後に血糖値を測りました。そして、食前に測っておいた血糖値と比較しました。そうすると、何と、つまらん講義を聞いた後には平均血糖値が一二三ミリグラム上がりました。一二三ミリグラム。これは想像以上だったんです。このことは、血糖値の高い方はなるべくつまらない先生の話は聞かないほうが健康にいいというわけでありますが、それが前日であります。

当日は、講義のかわりに漫才をやってもらいました。前日と当日の違いは、前日は講義、当日は漫才であります。吉本興業は最初にB&Bという人を送ってくれました。B&Bの一人、島田洋七という人は「佐賀のがばいばあちゃん」というのでブレークしておりますが、前日は小さな講義室でしたが、当日は市民ホールを借り切りまして一、〇〇〇名の人に集まってもらいました。ほとんどサクラであります。

いよいよB&Bが舞台の袖に上がりまして、私はちょっと耳打ちをしました。どういうことを言ったかいうと、「もしこの実験が成功したら、間違いなく糖尿病研究の歴史に残りますよ」と。笑いと血糖値、笑いと遺伝子については誰もまだやっていない。B&Bは気合が入りまして、非常によく皆さんに笑ってもらいました。すぐに血糖値を測りました。四〇分後に、前日の講義の後で一二三あった血糖値が、笑いでは七七に落ちたんです。講義引く笑いは一二三―（マイナス）七七で四六の差が出ました。糖尿病のお医者さんがびっくりしました。笑いだけでこれだけの血糖値の上昇が抑えられた。ただ、この実験計画を私が糖尿病の専門医に相談に行きますと、ほとんどのお医者さんは「そんなアホみたいな実験は、まともな医者はしません」と。だから、この実験の面白いところは、私どもがちょっとアホであったというところでありますが……。

しかし、このデータを見て、「これは面白くなりました。すぐ発表しましょう」というので、私どもの実験結果がアメリカの糖尿病学会誌に論文として掲載されました。笑いだけで糖尿病患者さんの食後の血糖値の上昇が大幅に抑制された、ダウンしましたという論文が出ました。この論文をアメリカのロイター通信とかニューズウィークが取り上げてくれまして、全世界に発信してくれました。

自分で言うのもちょっと変ですけれども、私どもの研究は少しずつ糖尿病学会から注目されてきました。なぜかというと、この実験が進んでいきますと、薬のかわりにお笑いビデオを出すような医療機関が出てくるかもわからない。「食前・食後にこのビデオを見てください」と。そして、楽しい治療が始まる前ぶれにできないかと非常に夢が膨らんできました。

今の治療というのは、ご存じのように、非常に高度な治療でありますが、その治療を患者の側から見ますと、あまり楽しいものではないですね。できれば手術なんて誰だってしたくない。薬も飲み過ぎないほうがいいんです。本日、薬の関係者の方がおられますとちょっと言いにくいのですが、日本の誰でも知っている○○製薬の会長は薬をほとんど飲みません。なぜかというと、薬には副作用があるということをよく知っておられるからです。私は副作用がない薬はないと思っております。もしそういう薬があるなら、それは効かない薬です。

アメリカでは薬害を含めて医療間違いで年間約三〇万人の人が亡くなっているとアメリカの医学ジャーナルが報告しています。三〇万人ですよ。もちろん薬は効くのですけれども、副作用がある。しかし、笑いには副作用がないと思われます。笑い転げて死んだという報告はなくて、おなかの皮が痛くなるとか、口をあけ過ぎて顎が外れるという人はいますが。笑いは副作用のない薬なのかもしれないということで、五年連続、毎年違う一流の芸人さんを吉本興業から送ってもらい、違う患者さんに実験をやっておりますが、いずれも血糖値が下がります。これで、私どもはもういけると思っておりまして、日本の医療に笑いセラピー、笑い療法というのが入れられないかと思っております。

そして、笑いは血糖値だけではなくて、いろんな病気に効くという報告があります。例えば、私どもの実験でもそうですけれども、免疫活性を上げます。免疫活性に関係する細胞をＮＫ細胞、ナチュラルキラー細胞と言っていますが、吉本興業の人はそれを「なんば花月細胞」と言っておりまして、免疫活性を上げます。それから、リウマチの痛みを和らげる。これをやったのが林家木久蔵師匠でありまして、弟子が「師匠の落語は何でそんなによく効くんですか」と聞いたら、「わかっているじゃないか。俺の名前は「きくぞう」だ」と。いろんな病気に効くということが報告され出しております。これは本当に笑いセラピーというのができるかもわからない。

それから、どの遺伝子のスイッチが入るのかということでありますが、これはまだ全体はわかりませんが、免疫活性を含めて体の中の代謝を高める、新陳代謝を高める、あるいは健康にいい遺伝子のスイッチがオンになると思っております。

そういうことで、笑いと遺伝子の関係は前から少しずつ講演で話しておりますが、いろんな質問が来ます。特に糖尿病患者さんから。そのうちの傑作は「B&Bという薬はどこで売っていますか」と。冗談かと思ったら、本気なんです。いかに人の話をちゃんと聞いていないかということと、患者さんにとっては治療というと薬という先入観があるのです。これは薬ではありません。この質問に勇気づけられまして、吉本興業のタカ&トシという人達に「笑み筋体操」、体の笑う筋肉の体操をしてもらいました。「たこやきぐるぐるおいしいな」とやるんです。それを私に「やってくれ」と言うものですから、「それは堪忍してくれ」と。

そういうことで、私は笑いに少しずつはまり出しまして、「日本笑い学会」の会員になっております。発祥は大阪でありまして、会長は大阪の大学の先生です。笑いに興味がある方は誰でも大歓迎します。年齢、学歴は一切問いません。容姿も問わずと書いてある。ふざけているなと思ったら、これが、ふざけていないんですね。一、〇〇〇名ぐらいの会員の人が笑いの研究と笑いの実践をしておられる。

笑いは笑い事ではない

私が笑い学会に入ってすぐ知ったことは、笑いは決して笑い事じゃないということです。どういうことかというと、どの民族の神話にも笑いが出てくるんです。ということは、神さんや仏さんも笑っておられたかもしれない。日本の有名な神話で、お笑いが出てくる神話というのはご存じですか。ご存じの方は手を挙げてみてください。ほとんど挙がりませんね。これでは日本は間違いなく滅びます。アーノルド・トインビーという有名な歴史家は、歴史と神話を忘れた国は全部滅びていると言っております。笑いが出てくる日本の有名な神話は天照大御神の岩戸開きであります。

天照大御神の弟であるスサノオノミコトは乱暴者で、お姉さんである天照は岩戸に隠れた。天照は太陽の神でありますから、太陽が地上から消えた。一大事であります。八十万神（やおよろずのかみ）が高天原に集まってお祈りをされる。後は飲めや歌えのドンチャン騒ぎの大宴会を開催するんですね。神さんも飲めや歌えが好きらしいのですけれども、ハイライトは美人の神様のストリップショーであります。『古事記』に書いてあるんですよ。昔の神様はおおらかですね。それを見て男の神様が大笑いをした。その笑い声が岩戸の中にこだましまして、天照は何事かと思って岩戸を開けようとされた。その隙に力持ちの神様が岩戸をぐっと開けて、陽がまた昇ったという神話です。

これはもちろん真実じゃないかもわかりません。しかし、私は、真実じゃなくても、何かの真理を伝えているかもしれないと思い出しております。地上から太陽が消えた。生き物にとって大ピンチであります。そういうピンチのときこそ笑う余裕を持とうという、そういうことをこの神話は教えてくれているのではないかと思いました。

今、日本は東日本大震災と原発事故で「頑張ろう　日本」という標語が飛び交っておりますが、そろそろ「笑顔でいこう日本」というようなものも必要じゃないかとも思います。もう「頑張ろう」だけではもたないですね。それから、ユダヤ人でアウシュビッツの捕虜収容所で九死に一生を得たビクトール・フランクルは、収容所で一日一回は笑おうということを言っておられたらしいんですね。笑いは魂を救うと。だから、笑いはボケとツッコミの笑いから、魂を救う笑いまである。笑い事じゃないわけです。

イネの全遺伝子暗号の解読

しかし、私はもちろんお笑いの研究だけをやってきたわけじゃありません。私は六三歳で大学を定年で辞めました。そのときどう考えたかというと、私は六三歳で大学を卒業したと思いました。なぜかというと、一八歳で入って六三歳まで大学しか知らない。落第に落第を重ねてやっと六三歳で卒業した。なぜそう考えたかというと、私は、あなたの思いが遺伝子の働きを変えますよ、オンとオフを変えますよと言ってきました。そうすると、「私は六三歳で、一応これで私の第一が終わったか。いや、待てよ、これからが本番だと思おう。私の思いは遺伝子に影響する。ということは、人生に影響を与えるかもわからない」と考えて大学を辞めました。

何をやるか決めておりませんでしたが、しばらくして、新聞を読んでショックを受けました。アメリカがヒトに続いてイネの遺伝子暗号解読に乗り出したのです。ショックを受けただけではなくて、これは許せんと思いました。何でアメリカ人にコメまでやられるのかと。アメリカが何でそんなに米を熱心にしたかと聞かれたら困りますので、「それは多分、米国だからでしょう」と言っておきましたが。

これは半分冗談ですが、半分は本当です。私は医学の畑に長いことおりましたが、出身は農学部でしたからアメリカがコメやイネに大変熱心な研究に取り組んでいるということを知っておりました。なぜ米か。米は世界の主食です。世界で三〇億人ぐらいの人が米を食べている。しかも、主要な穀物、小麦、大麦、トウモロコシは全部イネ科です。だから、イネの情報を集めると、世界の主要な穀物の遺伝情報の推定がつく。これからの勝負の分かれ目は情報ということがありますので、アメリカはその情報を握ろうとしていると思いました。

これは何とかしなきゃと思ったわけです。しかし、名誉教授というのは何の実力もありません。給料もないかわりに、何の義務もない。しかし、これは何とかしなきゃと思った。私は、日ごろは気が弱くて、思っていることの半分も言えないところがあるのですが、こういうときはやっぱり日本のためにやってやろうという気になりました。そして、総理官邸にも行きましたし、自民党の政調会長にも会いました。中曽根元総理にも会って「このままでは日本はイネの遺伝子暗号解読でアメリカに遅れをとります。遅れをとっていいんですか」と言った。ちょっとオーバーに言えというので、オーバーに言ったわけです。そうすると「稲作を日本人がしてきた、稲をつくってきたということが日本人の生き方、考え方に大きな影響を与えている。稲作は日本文化の遺伝子だ。これはやっぱりアメリカに負けるわけにはいかんな。しかし、おまえ、今からでも勝てるのか」と聞くのです。厳しいですよね。

科学は、ある意味では勝ち負けがはっきりしておりまして、金メダルしか後には残らないのです。第一位しか残らない。二位、三位は「はい、ご苦労さんでございました。またどうぞ」で、どこかの仕分け人のように「二位でもいいんじゃないですか」というわけにいかないのです。第一位でないと、科学的業績がないのと同じですから。「これからでも勝てるのか」と聞きますから、このときにははっきり「勝てます」と断言します。本当は、勝てるかもわからないし、勝てないかもわからない。そこのところは相手に聞こえないように心の中だけで言う。こういうのを私どもはナイトサイエンスと言っております。夜の科学。

ナイトサイエンス

科学というのは一般には理性と知性、論理、理屈の世界だと思われておりますが、それは昼の世界なんです。もう一つ、その裏にナイトサイエンスという世界があります。これは辞書を引いても出てきませんが。昼の科学は結果です。こういうDNAの構造がわかりましたと。夜の科学は、どういうプロセスでこの結果を得たのかというプロセスに関係します。プロセスですから、間違いもあるし、偶然もあるし、非常に幸運もある。むしろ夜の科学は知性でなくて感性、それから直観ですね。霊感まであります。インスピレーションと言われる。しかし、これはあまり言い過ぎますと私どもの値打ちが下がりますので、昼間は理屈の合うことだけを言っておりますが、実は大きな研究はこのナイトサイエンスから出ていることが大変多いのです。なぜかというと、大きな研究は、どこかから常識を超えるんですね。常識を超えるときは、ただ単に理性と知性じゃなくて、これはいけるという科学者の勘であります。あるいは、絶対これはやり抜くぞという熱いハートですね。もちろん夜と昼のバランスも大事ですけれども。

私どもの熱意が通じて、大型予算がつきました。しかし、そこからが大変だったのです。まず場所がない、人がない、機械がない。あるのはお金と志だけであります。しかも、相手はアメリカの大ベンチャー会社で大変な強敵です。私は何度もピンチに襲われまして、もうダメだと思ったことが何回もありました。私の研究人生で最も厳しかったと思いますが、私は本には「ピンチはチャンスです」と書いているんですよね。あれは、書くのは簡単ですけれども、なかなかピンチがチャンスと思えない。

しかし、総勢一〇〇名ぐらいでしたが、日本研究チームが燃えました。イネだけは絶対に日本人の手でやると。特に若い人が本当によく頑張ってくれまして、イネの全遺伝子暗号解読は日本が世界のトップになったのです。感動いたしました。逆転満塁ホームランが起こったようなものですね。私どもの研究チームだけでも、イネの全遺伝子暗号は三万二〇〇〇個ぐらいありましたが、三万二〇〇〇個のうち約半数一万六〇〇〇個を解読しました。ひと口で一万六〇〇〇個と言いますけれども、遺伝子は全部違う働きを持っています。それを一万六〇〇〇個拾い上げてきて解読するというのは大変な作業であります。それができた我がチームは私どもの誇りであります。

ところで、私は自分たちの遺伝子暗号解読を振り返って、我がチームもよくやった、特に若い人が頑張ったと思っていました。しかし、前から私は不思議なことに気がついておりました。それは、読む技術も確かにすごいですけれども、もっともっとすごいことがあった。読む前に、書いてあったということです。書いてあったから読めるわけです。そうすると、読んだ人と書いた人と、どっちが偉いのと。それは書いた人が偉いに決まっているんです。しかし、これを書いたのは誰。ヒトを含めた全ての遺伝子暗号を書いたのは誰。人間ではないですよね。

そこで、私は非常に不思議な気がいたしました。実は聞いてほしいのはこれからです。今までの吉本興業の話などはもう忘れてもらって結構ですから。これからが本番ですから、立ち上がってやらせていただきます。

サムシング・グレート

そこで、私は人知を超える世界というのがあるのではないかと思いました。人間ワザではないことは確かですね。しかし、私は科学者ですから、これを書いたのはやっぱり自然としか言いようがない。自然が書いたのです。自然はどうして書いたのか。これは万巻の書物に匹敵するような情報ですよ。それが、針の穴を一〇〇〇分の一にしたような小さなところに書いてある。しかも、書いてあるだけじゃなくて、これは間違いなく働いている。自然がやっているのです。

すると、その自然とは何ですかということですね。私たちがよく知っている自然は、目に見える自然ですね。太陽とか月とか地球とか山とか川とか。目に見えなくても、今の技術で測定可能な自然。酸素とか水素とか。しかし、そういうものがあの極微の空間に万巻の書物を書き込めるわけがない。すると、これを書いた自然というのは、私どもがまだよく知らないけれども、目には見えないけれども、不思議な、偉大な自然があるのではないかと思うのです。

私どもは今、目に見える自然、お金に換算できる自然、データがでる自然に重きを置いておりますが、人間にとって本当に大切なものは目に見えないのではないかと思い出しました。愛情は目に見えませんね。心も目に見えません。心はどこにあるかという議論がありましたが、目に見えない。

命だって全く目に見えない。この万巻の書物を極微の空間に書いて、しかも、それを間違いなく働かせる自然の働き。目に見えないわけです。もちろん目に見えるものも大切なのですけれども、目に見えないものの自然の働きを私は今まで少し軽視してきたんじゃないかと思うのです。

金子みすゞさんという童謡詩人がおられますが、あの人の詩の中に「見えぬけれどもあるんだよ、見えぬものでもあるんだよ。」という詩がありますが、そういう自然の中の偉大な働きがあるということを私は感じ出しました。

私はそれをサムシング・グレートという言葉であらわしました。なぜ英語を使うかというと、英語ができるのを見せびらかしているんじゃなくて、ヨーロッパの人にもわかってほしいという意味と、日本人の中には神も仏もあるものかと思っておられる人がおられます。だから、そういう人にむしろ聞いてほしいのです。「あなたが神様や仏様を信仰する、信仰しない、そんなことはあなたの勝手です。しかし、あなたの中にサムシング・グレートという働きがありますよ。あなたの遺伝子暗号を書いたのは人間ではありませんよ。それを間違いなく働かせているのも人間ではない」。それは何か。わからないから、サムシングと言っているわけです。

しかし、欧米に行きますと、よくこういう質問を受けます。サムシング・グレートと神様はどう違うのですかという質問です。そんな難しいことは聞いてくれるなと言っておりますが、私は定義する必要に迫られまして、現在のところのサムシング・グレートの定義は非常に簡単です。私どもには親がありました。絶対に間違いないですね。親には親があったんです。さかのぼっていきますと、命のもとには親のようなものがあったのではないか。親のようなものですよ。親と言い切りますと、どんな親かと聞かれたら困りますので。しかし、親がなければ子供が生まれないというのは当たり前のことでしょう。そうすると、自然の中に、宇宙の中に生命の親のような存在があったのではないかと思われて、それをサムシング・グレートと名づけました。

すべての生物は同じ遺伝子暗号を使っている

生きているということは本当にすごいことなんです。私は医者じゃありませんから、簡単な生き物を扱っております。例えば大腸菌であります。皆さん方は大腸菌ぐらいと思っておられると思いますが、私どもの分子生物学者はこの大腸菌には一時大変お世話になりました。足を向けて寝られないぐらい世話になっております。これを使って何人ものノーベル賞学者が出ました。何千人ものバイオの博士が生まれたのです。そして今、ヒトのホルモン、ヒトのインシュリンを大腸菌がつくって、もう市販されているんです。

大腸菌がヒトのホルモンやたんぱく質をつくれる。これが遺伝子工学でありますが、何でこんなことができるのかというのをご存じの方はおられますか。手を挙げてください。会場のみなさんはみんなおしとやかで、知っていても手を挙げないかと思いますが、もしもご存じなければ、これから私が言うことをひとつ覚えて帰ってください。これで私の講演の元が半分は取れますから。

どういうことがわかったかといいますと、全ての微生物、全ての昆虫、全ての植物、ヒトを含めた全ての動物、現存しているだけじゃなくて三八億年の生命の歴史と言われていますが、三八億年の生命の歴史で地球上に誕生した全ての生き物、これから地球上に誕生する未来の全ての生き物の遺伝子暗号はまったく同じなのです。

しかも、暗号が同じだけじゃなくて、生物を構成する材料も同じ、使うエネルギー源も同じであります。ですから、大腸菌はヒトの遺伝子暗号を解読して、ヒトのインシュリンやホルモン、たんぱく質とかをつくることができるのです。そういうことはお茶の子さいさいにできる。しかし、今、世界の学者が全部寄り集まっても、世界の民を全部集めても、大腸菌一つ、細胞一個、元からつくることはできません。コピーはいくらでもできるのです。

なぜ元からできないか。大腸菌様が何で生きておられるかという命の本当の基本的な仕組みについて、まだ私どもはほとんど知らないのです。材料についてはかなり知っていますが、材料を集めても、命が、生き物が生まれない。これは現代医学が、科学がだめなのではなくて、生きているということが、細胞一個でもいかにすごいかということです。

細胞一個が偶然に生まれる確率はどのくらいと思われますか。たとえば、一億円の宝くじが当たりますと飛び上がって喜びますね。それどころのありがたさじゃなくて、一億円の宝くじを連続一〇〇万回当選したようなありがたいことが起こったんですよ。細胞一個であっても、それほど不思議なんです。それを人間は約六〇兆持っていると教科書に書いてあります。しかし、本当は誰も数えたことがないんです。平均体重一キログラム当たり一兆個というふうに簡単に計算してみます。六〇兆個ということは六〇キログラムですね。小錦は二五〇兆を超えたかもわからない。しかし、六〇兆という数は普通私どもの常識を超えています。

地球に今存在している人口は約七〇億。その一人の体の中には、地球人口の約九〇〇〇倍の小さな生き物が集まっています。細胞は生き物なのです。それが何で細胞同士のケンカが起こらないのか。戦争が起こらないのか。見事ですね。細胞はものすごい勢いでコピーをつくっています。ということは、細胞は見事に死んでいるのです。だから、誕生と死はペアで動いているわけですね。ですから、私どもは、誕生はおめでとうですけれども、死はご愁傷さまですね。しかし、細胞レベルで見ますと、誕生と死はペアで動いているから私どもは生きてきて、細胞は見事にプログラムどおり死んでいるのです。ということは、ものすごい勢いで死ぬ細胞もあるし、生きる細胞もある。そして、自分のコピーを残そうと、子孫を残すだけじゃなくて、細胞は自分と同じもの、コピーをつくろうという働きが遺伝子にはあるはずですね。

自分の子孫を、あるいは自分の細胞のコピーをつくるから、細胞は利己的だと言う人がいます。これはかなり有名な説で、利己的な遺伝子(セルフィッシュ・ジーン)があると言われておりますが、私どもは利己的だけでは生きられないと思っております。体には三〇〇種類ぐらいの違う働きの細胞があります。その細胞が助け合わなければ、臓器の働きはできない。臓器が助け合わなければ、私どもは生きていけないわけです。心臓は一生ポンプ作業を打ち続けています。今日は疲れたから体もうかというわけにはいきません。心臓は飽きたから肝臓に変えてくれとも言わない。何で一生自分の役割を演じ切りながら全体を生かしているのか。わからないんですよ。自律神経がやっているど言った人がいましたが、そうしたら自律神経を動かしているものは何ですか。何にもわからない。

しかし、私は、こんな見事な助け合いがでたらめをやるわけはないので、細胞の中には自分のコピーをつくるという一見利己的な働きをするものから、他の細胞を助けて全体のために働く、協力するという利他的な遺伝子があると思っております。これが二一世紀に見つかり出すんですね。私どもも見つけたいのですけれども。

こういう点から遺伝子は利己的だとか利他的だとか言っておりますが、実は生きるということは利他とか利己とかを超える世界が命にはあるのではないか。利他とか利己というのは人間が勝手に分けているだけで、それを超える世界が生命の世界ではないかと思っていますが、ここはまだはっきりわかりませんので、これぐらいにしておきますが、とにかく生きているということはすごいことなのです。

生命はサムシング・グレートからのギフト

私どもは子供をつくると言いますが、冗談じゃあありません。細胞一個、人間の力だけではできないんですよ。どうして人間の力で赤ちゃんができますか。それは受精卵をつくるところは協力しますが。しかし、一個の受精卵から十月十日《とつきとうか》という三八週の間に人間の胎児は生物の進化のドラマを再現すると言われています。だから、えらがあるような魚のようなときもあるわけですよ。そこで終わったかもしれないのです。そのときは流産するらしいんですけれども。

とにかくお母さんの三八週の間に、人間の胎児は大ざっぱに言いますと、約三八億年の生物の進化のドラマを再現して人になっていく、赤ちゃんになっていく。お母さんの三八週は胎児の三八億年ですから、お母さんの一週間は胎児の一億年ですね。だから、お母さんが一日酔っ払ったら、胎児は一四〇〇万年、酔っ払いっ放し。アルコールは胎盤を通過するんです。だから、お母さんが酔っ払うと胎児は悪酔いしているかもわからない。

これはお母さんの生活態度がいかに影響を及ぼすかということでありますが、もう一つぜひ知ってほしいのは、お母さんのおなかの中で起こっている受精卵から赤ちゃんまでのあのプロセスは決して人間の努力や才能や、そういうものでできているわけではない。もちろん赤ちゃんは両親のものですけれども、地球の歴史から言いますと、約三八億年の歴史がその前に刻み込まれているということで、その意味で命が尊いのです。だから、皆さん方も全部三八億年の歴史を経て誕生するわけで、たまには自分の年齢に三八億歳を足してみてください。そうすると、少々年をとったとかとらないとかは全部誤差のうちに入りますから。

宇宙生命でいきますと、一三七億歳ですね。一三七億年前にビッグバンが起こり、宇宙が誕生した。その前は重さも質量もエネルギーも時間もなかった、何にもない空の世界であります。まさに色即是空の世界でありまして、二五〇〇年前にお釈迦さんが唱えられました真実が、今や宇宙物理科学で遂げられようとしている、大変エキサイティングな時代です。

しかし、ビッグバンから始まったというのを認めますと、その前はどうだったんですかと。しかし、そこを聞きますと、「そこは聞いてくれるな」と。無や空の世界ですからね。とにかくビッグバンという大きな爆発が起こったのは確かで、その後、軽い原子からできていきます。例えば水素原子はすぐに生まれました。その水素原子が私どもの体の中にはまだ残っているんです。ということは、私どもは地球生命三八億歳、宇宙生命一三七億歳という膨大な進化の歴史を背負って生きている。そういう意味で私どもの命が尊いんだと思っております。

こんな話ばかりしていますと頭がおかしくなりますが、たまには浮き世の義理を忘れて宇宙生命とか地球生命を考える必要があるんじゃないかと思っております。

最後に、最も言いたいことを言います。

二一世紀は日本人の出番

私は、二一世紀は日本人の出番が来るのではないかと思っています。これはダライ・ラマ法王と何度も対話をして得た結果であります。ダライ・ラマ法王と対話をしていますと、チベット仏教の日本人のお坊さんとも親しくなりまして、チベット仏教のある宗派は死後の世界を説くらしいんです。「死後の世界はたくさんありますよ」と言うわけです。「どれぐらいあるの」と言ったら「二〇もある」と。「何で二〇もあるの」と言ったら「四五《しご》、二〇だ」と。これは日本でしか通用しませんが。しかし、死後の世界をユーモアで説くというのはいいですね。

それから、ダライ・ラマ法王は非常によく笑います。あるときは爆笑しまして、写真を撮るときは私と肩を時々組んで、耳をこちょこちょと、くすぐります。「何?」と聞いたら、「おまえは笑いの研究をしているのだから、もうちょっといい笑顔をつくれないか」と。非常に子供っぽいというか、フレンドリーというか、非常に親しみが持てます。

しかし、彼は五〇年間、チベット問題では命がけであります。私が彼につけたあだ名は「にこにこ顔で命がけ」。いいでしょう。人生はにこにこ顔で命がけ。これをおっしゃったのは私が学生時代の京大総長であった平澤興という先生でありますが、人生はにこにこ顔で命がけ。生きるということは、ただ単に長生きするのではなく、何かに命をかけるようなものに出会うということが非常に幸せだと私は思います。あの人のためなら死んでもいいと。これは間違う可能性もありますが。とにかく彼を見ていますと、にこにこ笑いながら命がけでやっている。

それで、いちばん長く一緒にいたときは一週間、彼の亡命政府であるインドのダラムサラというところに行ってきました。一週間、仏教と科学の対話というのを行いました。彼を真ん中に置いて、八人ぐらいの科学者が車座になって対話を一週間続けました。私は、仏教者で科学者とまともに対話をする人はダライ・ラマ以外には知りません。「何でそんなに科学に熱心なのですか」と聞きますと、「仏教は心の科学です。心のサイエンスです。だから、自分は最先端科学を知りたい。しかし、科学者も仏教の深い真理を学んでください。仏教には哲学的なものと主情的なものと科学的な面がありますよ」と。

一週間、対話を続けました。だんだん私は疲れてきました。仏教と科学の対話というのは日本語でも難しいけれども、英語でやるわけですから、あまり質問ができません。最後に彼に人間にとって幸せとは何かということを聞いてくれというので、私はいろいろ考えていたのですけれども、いざとなると何を言うか忘れまして、大変単純な質問をしました。彼はちょうど七〇歳でしたので、「七〇年間でいつが一番幸せでしたか」という質問をしたんです。彼は「今だ」と。「right now」。「今でしょ！」というやつです。科学者が拍手をしました。なぜかといったら、一週間対話を続けてきて、最後に今が一番幸せだと言ったからです。

彼は対話を何十年間もやっておりまして、初めのころの対話の最中にノーベル平和賞の知らせが来るんです。山にたくさんの新聞記者が来ました。彼はちょっとだけ出かけていって「ちょっと待ってください。自分は今非常に大切な対話の最中だから、この対話が終わったら簡単な記者会見を開きます」と言ってまた対話に戻っていったんです。それを科学者は知っておりますから、ダライ・ラマさんはノーベル平和賞の知らせよりも自分たちとの対話のほうが楽しみだというので拍手したのですけれども、すぐ、ちょっと甘いんじゃないかと思いました。彼が言いたいことは、〝いつでも今が幸せだ〟ということですね。

それから、「中国も我が師です」と言っていました。さすがですね。五〇年間弾圧してきた国を「師です」と。しかし、私は、それは彼の本音だと思いました。あの弾圧がなければダライ・ラマはチベットの国王であり、法王ですね。絶対権力者ですね。しかし、弾圧されて世界に出ました。例えば彼がニューヨークに行きますと、セントラルパークには何万人という人が集まって彼の法話を聞く。そうした人物になれたのは、私はあの厳しい弾圧があったからだと思いました。

そこで、私の理論も少し変更を余儀なくされました。私は、心が遺伝子の働きを変えますよという一つの根拠に、悩みとか不安とか恐怖とかいじめとか、そうした悪いストレスは病気を引き起こすが、悪いストレスだけじゃなくて、良いストレスがあるはずだと。喜びとか感謝、感動、祈りといった良いストレスがあれば、今度は逆に病気を治すかもわからないと考え、それで笑いの実験などをやってきたんです。笑っている間は怒りませんからね。

しかし、彼を見ていますと、厳しい弾圧というのは、受けとめ方次第では、その人の良い遺伝子のスイッチを入れるんじゃないかと思うようになってきました。こうした研究をこれからも続けていきたいと思いますが、彼は最後の対話の日に私を呼びまして「こういう対話を日本でもやりたい。そして、二一世紀は日本人の出番が来ますよ」と言いました。「ほんまかいな」と思いました。新聞を読んでいたら、とても出番だとは思えないことが書いてある。

しかし、私は科学者ですから、日本に関するデータをとろうと思ったわけです。私は毎年のように外国へ行きますが、外国人が日本をどう見ているかということに大変興味がありました。英国のBBCという国営放送とアメリカあたりがタイアップしてやっている世界世論調査で、今（二〇一二年）、世界で最もいい影響を与えられる国はどこですかという質問をしています。日本はそのランキングの何番目ぐらいにあると思われますか。一位なんですよ、日本は。日本が一位。

なぜかというと、外国から見たら日本はやっぱり平和国家です。それから、あの厳しい敗戦から復興し、見事に立ち直った。科学技術力もすばらしい。科学者の一つの指標であるノーベル賞の数で言いますと、二一世紀に入ってからの日本人のノーベル賞の数は全ヨーロッパを上回っています。全ヨーロッパ人の受賞よりも日本単独のほうが多い。科学技術力は本当に世界の折り紙つきであります。

それから、経済大国であり、教育水準、医療水準も高い。例えば、アメリカは世界一のお金持ちの国ですけれども、何千万人もの人が保険に入っていないために、病院に行けないのです。今それでオバマ大統領が大変苦戦しておられます。同じ保険に入っていても、掛け金によって、行ける病院と行けない病院が区別されている。日本では考えられないことですね。

また、ダライ・ラマは、そうした客観的なものだけではなくて、日本は太古から大自然を尊敬して、そして人の中には和の心があり、そういう精神文化を持っている。東洋の心と西洋の科学技術文明の両方を持っているのは日本人しかいないと言うんです。

しかし、問題は、日本人にその自覚が少ない。特に私が問題視するのは、高校生が自分に対して自信がない。これを国際比較すると顕著に低いのです。日本の高校生がそれだけ悪いわけがないのです。ヒトの遺伝子暗号は、ノーベル賞をもらった人も隣のあまりぱっとせんおじさんも九九・五%同じなんですよ。九九・五%同じ。ということは、ほとんど差はありません。なぜか。サムシング・グレートにとっては、人間は全部我が子同然なのです。我が子同然の子供に、特別の子供だけをひいきするわけがない。だから、九九・五%同じ遺伝子暗号を持ってこの世に誕生してきた。しかし、〇・五%の差はあるんです。それが才能とか性格とかに影響するけれども、その差は問題とせずに、九九・五%同じだというところにもうちょっと私どもは重点を置いたほうがいいかもしれない。

だから、みんな自分の花は咲くと思います。人と比較するのはいいかげんにして、やっぱり自分の使命、自分の特徴、自分のやりがいは何かということを見つけると、自分の花が咲くと私は思っております。

私の尊敬する平澤興という先生は、人間が最も精神的に成長するのは七五、六歳から八五、六歳だとおっしゃいました。私は成長期に入ったと思いました。しかし、条件があります。それは、生きていることに感謝し、周りを拝まずにはおられないという心境になったら、そこで人生には九〇にならないとわからないことがあるんだと。だから、五〇、六〇は花ならつぼみ、七〇、八〇は働き盛り、九〇になってお迎えが来たら「一〇〇まで待て」と追い返すという。皆さん方多くの人がまだ、花ならつぼみの段階で、これから花が咲く可能性があると思っています。

そして、本当に七七歳からご縁をいただきまして、高野山大学と私どもの心と遺伝子研究会が共同実験を開始することになりました。仏教的な祈禱と遺伝子のオンとオフはどういう関係があるのかという研究をこれから一緒にやりたいと思っております。これはおそらく一〇年のプロジェクトになると思いますが、ちょうど成長期に入った時期に大きなプロジェクトをいただきまして、大変感謝しております。要するに祈りというものと遺伝子の関係をこれから究明していきたい。これは大変難しいのですけれども、魂と遺伝子という研究も、できたら視野に入れてやっていきたいと思います。

話したいことは幾らでもありますけれども、この後のパネルディスカッションの席で、お話しさせていただきます。ご清聴どうもありがとうございました。(拍手)

シンポジウムⅡ

高野山大学フジキン小川修平記念講座第三回講演会
宇宙の摂理への想い―科学と宗教の立場から

パネリスト

西川　伸一・JT生命誌研究館顧問
村上　和雄・筑波大学名誉教授
棚次　正和・京都府立医科大学教授
生井　智紹・高野山大学名誉教授

左から西川氏、村上氏、棚次氏、生井氏

【略歴】

一九四七年　茨城県生まれ。
一九七〇年　高野山大学卒業。
一九七七年　京都大学大学院博士後期課程（宗教学・仏教学）単位取得。
一九九四年　高野山大学教授、高野山大学研究科長、学長、密教文化研究所長を歴任。

仏教思想史が専門。インド、中国における仏教思想の展開の流れに真言密教の形成を辿るという幅広い視野に立った研究を精力的に行う。

【著書】『輪廻の論証』『密教・自心の探求―『菩提心論』を読む』。

司会　ただいまよりシンポジウムを始めさせていただきます。

　さて、一〇月（二〇一三年）から日本経済新聞の「私の履歴書」において、ノーベル生理学・医学賞を受賞されました利根川進先生の連載が始まっております。利根川先生がおっしゃるには、脳は宇宙と並んで学問の中で最後まで取り残された大きなミステリーであり、脳を研究することは、人間とは何かを突き詰めることになると言っておられます。さらに、脳研究は自然科学の中でも物理学や化学、数学、生物学などさまざまな分野にわたっており、哲学や宗教、心理学、芸術のような人文系の情報科学、経済学あるいは社会学にも多大なる影響を与える学際的な学問であるとも位置づけられているが、日本の研究は縦割りになり過ぎていて、横断的な取組みが弱い。その点をどうやって強化していくのかが今後の課題である、と述べられています。

　密教文化研究所では昨年（二〇一二年）四月より、新たなる事業としまして「宗教と科学の対話」プロジェクトを展開しております。二一世紀の課題とも言われます心、意識、生命、宇宙の解明について、一二〇〇年に及ぶ密教の生命観あるいは宇宙観に基づいて、つまり山川草木は言うまでもなく、森羅万象を大いなる命のあらわれと捉え、私たち個々人も本来的に大きな存在と同質の内容を持ち合わせているという、このような密教の教理に基づきながら科学者との交流を図っていきたいと考えております。

　それでは、これより、本日ご講演いただきました西川・村上両先生のお話を話題提供といたしまして、シンポジウムを始めさせていただきたいと思います。シンポジウムには新たに京都府立医科大学の棚次正和先生と高野山大学名誉教授の生井智紹先生をお迎えしております。それでは、早速お二人の先生に本日のご講演に関するご感想、ご意見をお聞きしましてからシンポジウムに移らせていただきたいと思っております。

まず初めに棚次先生、よろしくお願い申し上げます。

宗教と科学の接点

棚次　承知いたしました。京都府立医科大学の棚次でございます。どうぞよろしくお願いいたします。お三方の先生のお話を拝聴させていただきまして、いよいよ新しい時代が始まるなという強い予感を抱きました。パラダイムシフト（注1）と呼ばれるようなものがぼちぼち始まり出したなという強い印象を受けました。先生方のお話それぞれについてコメントすることは差し控えますが、全体としてそういう印象でございます。

このフジキンの寄附講座のメインテーマは「宗教と科学の対話」となっております。そのことについて、どうすれば対話が本当の意味で始まるのか。単に同じ席に着き話し合いをして、それで対話になるとは私は思っておりません。どうすれば本当の意味での中身に立ち入った対話ができるのかということを考えてみたいと思っております。

「宗教と科学の対話」ということでございますが、これは人が対話をするわけでございますから、宗教者あるいは宗教研究者と科学者が対話するということになります。宗教者といいますと、ラテン語では homo religiosus、これは宗教学の意味で言いますと、全ての人が実は宗教的な人間ということになります。それから、科学者、これは homo faber、工作する人、物をつくる人ということでして、特にヨーロッパでは科学革命とか産業革命以降、この側面が随分強く出ているかと思います。

その科学には、実はいろいろ分野がございます。私たちは、科学といえば自然科学のことをまずは思い浮べますが、実は人文系の学問も人文科学と呼ばれますし、社会系の学問も社会科学と呼ばれております。学問は三つの領域に分けるのが伝統的な分け方でございまして、自然科学は自然現象の構造や機能について物理化学的な視点から説明していく学問です。それから、人文科学と社会科学は、事実の解明であると同時に、そこに含まれている意味を解明するということになります。先ほど西川先生のお話の中でもそのような意味や目的についてのお話があったかと思います。

それに対して宗教というのは、この宇宙あるいは人間を究極的なものとの関連において捉えて、その認識を行動の中に生かそうとする。これが宗教だと思います。究極的なものというところを宗教者の言葉で言いますと、神様とか仏様とかということになるわけです。

一般的に自然科学が依拠している世界観ですけれども、これは機械論的自然観と要素還元論ということになるかと思います。

機械論的自然観というのは、機械をモデルとして自然を説明していく。それに対しては、従来から生気論というのがございまして、これは生命現象を生物独自の因子、例えば目的とか意図、あるいは霊魂から説明していくというもので、この二つの捉え方は対立し合っております。

それから、要素還元論というのは、松本先生のお話にございましたけれども、対象を構成要素に細分化していって、その構成要素をもう一度まとめて対象を再構成していけるという発想に立つ議論だと思います。これは全体論というものと対立する見方です。全体論は、全体は部分の総和ではなくて総和以上だということですね。それに対して、要素還元論は、全体は部分を寄せ集めると全体になるという考え方になると思います。

宗教と科学の対話ですから、要は接点が一体どこなのかということですね。

宗教者というのは根源的なもの、究極的なものから全てを考えていく、あるいはそれとの関連の中で一切を捉えていくということです。私は、人間というのはスピリットとマインドとボディーから成り立っているという三分説に立っておりますので、宗教者はスピリットの側から全てを見ていく。それに対して科学者はボディー、物質的あるいは物理的な身体に焦点を合わせ、そこから心のようなものを捉えていこうとする。こういう方向性の違いがあるかと思います。

心の次元をどのように捉えるかということが一番重要な問題になってくるのですけれども、その前に、自然とか生命というものをどのように見ているかを考えてみます。

自然はギリシャ語で physis と言っておりますが、これがラテン語の世界で natura という言葉に翻訳されて、そこから英語の nature が来ているわけですね。この翻訳の過程でおそらく意味合いが次第に変わっていったのではないかと思います。

つまり、かつては、natura naturans と言いますけれども、「生む自然」のことを自然と言っていた。ところが、ある時期からこれが「生まれた自然、natura naturata」に変わっていったのではないか。わかりやすく言いますと、自然本性とか自然力という、自然の中に働いているものをまずは自然と呼んでいたと思うのですけれども、それがいつの間にか自然界の具体的な個々の事物、これを自然と呼ぶようになったという変化があると思います。

生命に関しましても、いろんな捉え方がございますけれども、英語で言うと life ですが、日本語に訳すと生命と訳したり、生存と訳したり、生活あるいは命と言う場合もございます。これはそれぞれ学問によってどこに焦点を当てるかによって違うわけです。三人の先生方のお話ですと、こういう個別の学問のレベルでそれを探求していくよりは、むしろそれを総合していく、そういう総合知みたいなものが今まさに求められているのだろうと思います。

生命や生に関して医学辞典を調べてみますと、あまりはっきりしたことはわかりません。ステッドマン医学大辞典によると、life は生命、生存、生活と訳されていまして、「生きていることの根源的状態、代謝、発達、生殖、適応、刺激に対する反応などの諸機能によって特徴づけられる存在の状態」というようなことが書かれております。それから、南山堂の医学大辞典だと、そもそも生命の項目はございません。片仮名でのライフサイエンス、ライフサイクルというのはございますけれども、ライフそのものの項目は一つもございません。

生命体は生命力と物質、二つのベクトルの和——棚次

西川先生がダーウィンのお話をされましたが、それとほぼ重なってしまいますけれども、進化論をめぐっては、ご存じのように創造論と進化論という全く違った立場がございます。創造論というのは、全ての生物種は神が個別にそれぞれ創造したものであって、種は変わらない、不変であるという見方です。これは欧米の社会ですと、キリスト教徒の人たちがこのような考え方をするわけで

す。

それに対して進化論は、現在多様な生物がございますけれども、全て共通の祖先から枝分かれして進化したという、種は不変ではなくて進化するという捉え方です。先ほどのお話にもございましたけれども、ラマルクの用不用説、その後にダーウィンの自然淘汰説が出てくるわけです。生物個体の生存・繁殖にとって有利な遺伝的変異を保存し、不利な変異を排除するという、自然による選抜・選択の過程であります。進化論はもちろんこれ以外にもいろんな捉え方がございます。

創造論に関して言いますと、現在はＩＤ（Intelligent Design）論と呼ばれているものがございます。何か知性のあるものによって宇宙や生命が設計されているということです。神様とは言いません。インテリジェントのある存在と言いまして、事実上は創造論とよく似ているものです。これに対してダーウィンの自然淘汰説が出たわけです。

現在、アメリカ合衆国で創造論の立場をとっている人は四〇数％で、進化論の立場をとっている人は四〇％ほどです。このデータは我々にとっては意外であり、進化論を正しい説と思っている人はもっと多いと思っていたのですけれども、そうでもないですね。

実は、ダーウィンとほぼ同時期にアルフレッド・ウォーレスが自然淘汰説を唱えております。ウォーレスの考え方はダーウィンと極めて似ているのですけれども、人間に関しては、自然淘汰や適者生存の捉え方だけからは説明できない、何かスピリチュアルな力が流入して人間ができ上がっていると考えています。ウォーレスは進化の自然淘汰説を唱えた後に心霊研究、スピリチュアリズムの研究をやったことで有名であり、ダーウィンの思想とウォーレスの思想は、自然淘汰の側面においては同じですけれども、ウォーレスのほうがスピリチュアルな流入を認めています。

このほか有神論的進化論があります。これは、進化はする。つまり、種は変わるのだけれども、この種の進化には神様が働いているという捉え方です。

進化論で言っている evolution（進化）は、生物がこの地上に誕生して三八億年ぐらいたちますけれども、いろいろ進化を重ねて、その進化の頂点に人類がいるということです。

ただ、evolution（進化）に対して involution（逆進化・内展）という捉え方があります。evolution は進化と訳していますけれども、回転という訳が語源に近いと思います。それに対して involution は内展、逆進化、進化とは違うという意味です。これはどういうことかといいますと、物質ができ上がる際に、物質そのものにいろいろ段階があって、何か生命力といいますか、生命的要素が物質の中に練り込まれているプロセスを考えているわけです。これが、地球ができ上がって四六億年ぐらいたっていますが、そういう involution の歴史があるはずだと。それから、地球自体が、フィジカルな地球だけでなくて、もっと違った次元の地球を考え、その時間も考慮に入れると四六億年では済まないと考えています。

ウォーレスのように、人間に関して霊的な流入を考えた場合には、上からこの力が働いてきているということになるわけです。ですから、人間をきちっと説明するためには、evolution の流れと霊的な influx（流入）の流れの両方を考えなければいけないのではないかと思っております。

私は、生命体（生物）というのは、生命力と物質あるいは素材の二つのベクトルの和が、生命体ということになるのではないかと考えております。（35頁の図参照）

この物質のレベルには階層、サイズがあります。中央が人間で、単位をメーターとすると、身長は一〇の〇乗メーター、一メーター前後ですね。人間よりミクロの方向に行きますと、細胞とか分子、原子、素粒子と小さくなっていきます。分子は一〇のマイナス九乗メーターですね。素粒子が大体一〇のマイナス十五乗メーター。さらにずっと細かくしていくと、それを素粒子と呼んでいいのかどうかわかりませんが、一部の学者は「サイ粒子」みたいなものを考えておられます。これはもうほとんど心としての粒子のような捉え方になると思います。

逆に、マクロの方向に目を向けますと、地球があります。地球の直径のサイズは一・二七万キロメートルぐらいです。太陽がその一〇〇倍ぐらいであり、太陽系があり、銀河系がある。銀河系が大体一〇万光年と言われていますので、一〇の二〇乗メーターぐらいですね。ずっとマクロの方向に拡大していくと、途方もない大きさになってくるということです。ちょうど人間というのはミクロとマクロの間に位置しているというようなことになるのではないかと思います。

それで、私の質問を主に西川先生にさせていただきたいと思っておりますけれども、先生、ダーウィンが自然淘汰説を唱えましたけれども、これは自然が選択する、淘汰するということで、自然を擬人法的に捉えているように私には見えるのですが、それでよろしいのでしょうか。

進化の結果が環境をつくる―西川

西川　おっしゃるとおりで、ダーウィンの進化論を読まれると、人間の育種（注2）を選択圧（注3）に加えていますね。実際にダーウィンが観察できる時間で本当に選択が行われるという実感を持つのはなかなか難しいので、大きな変化が起こるということで育種。他にももちろんガラパゴスあるいはダーウィンフィンチとかいろんな形の例を挙げるわけですけれども、基本的にどういう選択であってもいいんです。

逆に言うと、地球上にはもう人間がいるわけですね。今、地球上で人間と家畜とペットの頭数と、キリン、象、イノシシといったワイルド哺乳動物の頭数との比で言うと、一〇〇〇年前は人間・ペット・家畜が〇・五%だったのですが、今は何と人間・家畜・ペットが九九・八%です。だから、逆に言うと、ワイルドアニマルを絶滅させているのです。

ただ、やっぱりそれも一つ、地球上の選択圧になっていくわけで、例えばものすごくフィックスした環境というものがあって選択が行われるのではなくて、逆に言うと、進化の結果が今度はまた環境をつくっていくわけですね。ですから、そこのダイナミズムについて、僕らが将来を計算できる力学を持っているかどうかというと、多分まだ持っていない。そこはまだまだ研究する価値はありますよね。

だから、あまり杓子定規に考えなくても、人間の選択圧ですらすごい選択圧になって、地球上のほとんどの哺乳動物は絶滅に瀕しておるという状況になっておるわけですから、その中で生き残ってくる。例えば、昔だったら強い犬が生き残るのかもしれないけれども、今だとかわいい犬が生き残るのかもしれませんね。だから、そういうものすごくダイナミックなものであると考えていただいたらいいかと思います。

棚次　もう一つだけよろしいですか。進化の話ですけれども、私は、アルフレッド・ウォーレスのような捉え方だと、いわゆる進化論と、スピリチュアルなものが実在すると思っている捉え方とは矛盾しないように思うんですけれども、先生は魂の成長とか魂の進化ということも進化論の枠の中で考えていいとお考えでしょうか。

西川　人間の問題ですよね。僕は、ウォーレスとダーウィンの違いというのは人間の見方にあると思います。ダーウィンも「Descent of Man」という本を書いているのですが、読まれたらびっくりするぐらい人種差別主義ですね。その当時の人間の見方を反映しているのだろうと思います。ダーウィンは完全に、少なくともイギリス国教会からは独立していた。もともとウェッジウッドのファミリーでお金持ち、大学で働くことなく、自分の家で仕事ができる環境にあったわけですね。ところが、ウォーレスは労働者階級の出身で、結構苦労された人です。ですから、やっぱり人間に対していろんな形で発言していくときのプレッシャーがあったのかもしれません。

ただ、進化論のレベルで言うと、ウォーレスも、変異という目的のないものが選択されるという発想は評価すべきです。

僕は人間に関して言うと、何に違いがあるかというと、やっぱり言語だと思います。言語が生まれて、初めて道徳やいろいろなものが生まれてくる。言語より前の人間はいっぱい残っています。言語が全部わかっているものもあります。少なくともネアンデルタール人には表象と文字はなかったということがわかっていますね。ですから、そういうものの全体が、ウォーレスがスピリチュアルという形で考えたものの先にあって、僕はやっぱり言語、文字というものを情報がつくってきたと思っていますけれども。

弘法大師の理念と現代科学

司会　ありがとうございました。引き続きまして生井先生に今日のお二人の先生のご講演をお聞きになられてのご感想なりご意見をお願いいたします。

生井　最初に、松本先生がお話されたことがこの会の意義を総括的に示していると思います。松本先生は科学が科という分けられるものであってはいけないという学問のあり方を説かれたかと思います。実際そのことは新しいパラダイムシフトではなくて、すでに高野山を開かれた弘法大師の理念でもあったわけです。弘法大師は「綜芸種智《しゅげいしゅち》」ということをおっしゃっておられます。あらゆる技術、あらゆる知恵を兼ね備えたような全人的教育をしなきゃいけないということです。総合的な人間教育ということがもともと弘法大師の人間教育の理念であったわけです。ですから、松本先生がおっしゃられたような、必ずしもそれぞれの専門家を育てるだけではなく、それぞれの領域を兼ね備えているような、本当の意味での人間の智恵というものを育まなきゃいけないというのが弘法大師の教育理念だったわけです。その必要性を松本先生は今日、見事に現代の課題として表現してくださいました。

そして、実際に松本先生は「思修館」という大学院レベルの教育機関を運営されていかれるとおっしゃっておられました。その「思修」は「聞思修」という、「聞く」と「思う」と、それから「修する」という三つのことがあって初めて学問というのは成り立つんだということであり、このことは仏教の学びの伝統に由来するものです。その言葉をあえて現代にもたらして、「思修館」というあるべき理念を示されました。ただ聞いて知るだけではなくて、それを自分で考えて、そして自分でそれを実践するというところまで行って初めて学問だというようなことを松本先生は新しい形での表現で説明してくださいました。

それは弘法大師の理念と全く同じ、あるいは仏教の伝統と全く同じことをおっしゃってくださったものと思います。ですから、その点に関しまして、現代の学的状況にあって私たちの対話も同じものを目指して必要とされている、そういうことであろうかと思います。

西川先生には、現代の科学が持っている新しい視点について明らかにしていただきました。私たちは新しい科学の最先端の部分については無知でございます。今日の西川、村上両先生のお話をおうかがいしまして、パウロではありませんけれども、目からうろこが落ちるような、現代科学のあり方を知らせていただきました。

宇宙の摂理に関しては、「縁起」という言葉が全ての仏教についての基本的な認識を示しているかと思います。実際に釈尊が説かれた教えの内容は何か、釈尊が悟られた内容は何かといいますと、「諸法は縁より生ずる」、諸々の物事は全て原因があって、条件があって生成しているということです。そして、その原因がなくなったとき、あるいは条件が欠けたときに、諸法、あらゆる存在も現象しなくなっていくのです。

釈迦牟尼世尊が説かれたことは、まさしく「縁起の理法」であるというようなことが一つの偈頌《げじゅ》によって説かれています。「縁起」という言葉は、原因がさまざまな条件に出会うことによって生成してくる、あるいは現象してくるというあり方を説かれたものです。「縁起」といいますと、最初の仏教の段階では苦しみの生存はどうして生じてくるかという釈迦牟尼世尊の根源的な問いに対して得られた世界認識です。苦しみの原因は自分自身の内にある自我意識に求められます。それが自分の都合のいいような世界を考えて行動している。そのことが間違いであるというところから出発して、「縁起」という認識が苦の生成と苦の消滅ということに関して理解されてきたのが初期の段階の仏教です。

ただ、それをナーガールジュナ（龍樹）というお方が釈尊の悟りをより深く捉え、苦の生成・消滅だけではなく全ての存在は原因と結果の因果律で成り立っているんだということを明らかにされたのが大乗仏教の空の思想であります。

釈尊が見出された現象している宇宙のあらゆる物事の摂理というようなもの、それらの現象には実際には本体がない、あるいは実体がない、そういう現象にすぎないというのが「空」という、仏教の思想です。因果ということに関して、仏教はただ時間系列上の物理的な因果関係だけではなく、空間的な、あるいはさまざまな縁という条件的な因果関係、それから、生き物の心と、心に基づく行動、そういうものをもこの縁起という言葉のうちに含めて解釈してまいりました。よく業という考え方がございますけれども、業という言葉は人間の身体的・言語的・心理的行動という意味です。

現代の科学では特に生命現象あるいは心という問題との関わりの中で、その因果律という問題について、お二人の先生のＤＮＡに関する、あるいは進化論に係わるお話があったということで理解していけるのではないかと思います。ですから、今日の西川、村上両先生の因果律という問題、仏教の縁起というまさしく一番の核心の部分に関しまして、現代の最先端科学の立場から示していただいたものではないかと思います。

あらゆる物事が因果的に現象しているという事実、それは現代の言葉で言うと、特に物理的な現象では宇宙の摂理が一つの数式で記述されるといったように、素粒子レベルでの物理現象が宇宙を見る場合の見方としてほぼ受け入れられているということです。このことは現代の事実であろうかと思いますが、生命や心という領域に科学がどのように関わりあえるかという視点からお二方の先生は大体が因果律というものの根源のところにDNAという問題を設定しておられましたので、非常に興味深く、そして感慨深くお話を聞かせていただきました。

DNAは肉体的・器質的なプログラム伝達のあり方―生井

特に、DNAは「生命」そのものに関わる極めて重要なものなのですが、生命の伝達、あるいは心の伝え方という側面で多くの問題を抱えている概念であろうかと思います。宇宙での生命現象、あるいは、生命の発生あるいは再生、いずれもがこのDNAという観点から論ぜられるのが現代の科学の領域での心に関わる捉え方ということになるかと思います。

私自身は、このDNAが生命をつなぐものとする生命観には若干不審な点がございました。DNAは、確かに個体の細胞レベルでの再生・発生については忠実にそのプログラム実行が解明されていますので、疑い得ない事実です。ただ、心的現象の宇宙をも含めた全てが親から子へというプログラムの受け渡しで説明できるかという問題でございます。『ダ・ヴィンチ・コード』で主題とされたことではありませんけれども、イエス・キリストの遺伝子を持った子孫がキリストの遺志を今に伝えているというのは少し変であろうかと思います。少なくとも、カトリックの伝統でも仏教の伝統でも、それを伝えてきたのは師から弟子へという精神的な絆が伝えてきているというのが宗教の歴史であるかと思います。

心の領域を含めて、インドの因果論では、あくまでも個体内部の自己責任として因果応報ということが説かれます。良いことを行えば楽なる結果がやってくる、悪い行為を行えば苦しい結果が待っているという、因果応報ということが言われるわけですけれども、親の因果が子に報いという、親の遺伝子が子に伝わることによって親の因果が子に報いるというような因果論は、少なくともインドの宗教の行為論の中ではなかったわけです。DNAはあくまでも親から子に伝わるという肉体的・器質的なプログラム伝達のあり方です。

私は妻も子もありませんので、私のDNAを次に伝えるものは何もないわけですけれども、今からそれが必要だと言われても困ってしまいます。ただ、村上先生のお話のように、まずサムシング・グレートの意図として、あらゆる生き物にDNAレベルで同じ機能を発揮する潜勢的な能力があって、それがスイッチをオンにするかしないかで、心的現象にかかわる重要な要因が機能するとするならば、そのオン・オフの仕方を、少なくとも宗教的な宇宙観の伝統はそれを伝えてきているかと思います。

どうしたら、遺伝子の潜勢的要因をスイッチ・オンにするようなことができるかということに関しては、少なくとも心の持ち方あるいは実際の観想、瞑想というレベルで、宗教的伝統にあっては方法論を確立しているのではないかと思います。

ＤＮＡは確かに生命のあり方というものを明確にするということであろうかと思いますけれども、よりよい生き方とか、こうしたほうが人間は幸福な生活を送れるとか、そうしたことについては、むしろ伝統が既にそれを持っている部分があるのではないかという、ある種の可能性に関して希望を持たせていただきました。笑いとか祈りとか、そのつながりは遺伝子情報の伝達だけではなくて、さまざまなご縁とか、条件、環境要因、情報がそれをオン・オフしているというふうなＤＮＡの見方というようなものをお二方の先生にご説明いただいたのではないかと思います。

特に、西川先生からはダーウィン的な再帰性の因果論、あるいは情報という領域が、21世紀の科学の課題、とくにＤＮＡ、あるいは進化ということに関しての大きなテーマとなってきている、科学の領域にそれが問題化されているというお話がございました。村上先生がおっしゃっておられたように、もう既に原因の中にサムシング・グレートによる、よりよいあり方というものがプログラムされているのに、人間がそれを自分の勝手な世界観とか、あるいは自分の勝手な欲望によってオン・オフを妨げているというあり方で物を見ることもできるかと思います。全ての生命が祈りのあらわれとして、あるいは宇宙のあらわれとして現象しているというあり方ならば、私たちの自分勝手な誤った見方をなくしていくことによって本当の意味でのよりよい生き方というものができるのではないかという、宗教のあり方に関しての一つの自信みたいなものを感じさせていただくことができたかと思います。

お二方の先生、ありがとうございました。

ＤＮＡは体の設計図―村上

司会　生井先生のご感想、ご意見をお聞きになられて、西川先生いかがでしょうか。

西川　ＤＮＡについて少しお話ししたいと思います。人間の中にある情報はものすごくたくさんあります。すなわち、ＤＮＡがそうですね。次に、またエピジェネティクス（注４）というのがあって、村上先生がおっしゃっているオン・オフというのはそうです。そして神経系があり、人間になって初めて生まれる言語、最終的に文字。今はバーチャルメディアまであるわけですね。今は遺伝とエピジェネティックスの統合は発生学者が一生懸命やっていますが、逆に村上先生が苦労されるというのは、もっと遠いところの情報を二つどう統合させるかということをやろうとされている点です。笑いにしても、おそらく祈りにしても。そういうことだと思います。

　ですから、情報がいろんなものをつくってきたことは事実で、先ほどおっしゃったようにＤＮＡが残せる情報の伝え方というのは極めて限定的です。すなわち上から下まで、親から子にしか伝わらない。皆さん結婚されて、子供さんが親と全く違うのは、生殖器官の中でお父さんとお母さんの遺伝子が交換されるんですね。ですから、ものすごくややこしい情報交換システムしか持っていない。

　ところが、言語になって考えていただくと、もちろん親から子にも伝えられますが、今日の講演会のように、皆さん全員に同じように伝えられているわけですね。ですから、情報を伝える様式というものがどんどん進んでいって、逆に言うと、言語を持った人間が二万年で地球を大きく変えちゃっているんですね。ですから、新しい情報が登場するということ自体はすごいインパクトで、それが多分、今皆さんが考えられている宗教であるとかそういうものとどこかで関わっていると思います。ですから、別にDNAが宗教とかを決めるわけじゃなくて、DNAはチンパンジーでも僕らと全く同じものを持っています。ところが、言葉は少なくとも地球上では人間にしかありません。

もう一つ言っておきたいのは、地球上に生物が登場する前は物質しかなかったんです。DNAあるいは言語が登場するということは、物質しかなかったところに物質以外の情報というものが登場しているわけですね。ですから、そこが多分研究として一番重要な部分で、逆に言うと、二〇世紀までの研究があまりやってこなかったことです。そこがある程度わかってくれれば、皆さんともっと深い議論ができるのではないかと思います。

司会　ありがとうございました。生井先生に先ほど仏教の縁起とか因果律の話を踏まえてお話していただきましたが、村上先生はどのようなご意見をお持ちでしょうか。

村上　DNAの全暗号が解読される前までは、DNAというのは一番根本であり、DNAに書かれていないことは、人間はできないのではないかとまで極論され、DNAは生命の設計図であると言われていました。

しかし、これは間違いで、DNAは体の設計図なんです。体は確かに親に似たような顔を持ちますけれども、情報はDNAだけではありません。例えば豊臣秀吉のクローンが生まれたとしますと、顔はあのような不細工な豊臣秀吉ですけれども、あの豊臣秀吉はあの時代のあの時期にしか生まれていなかった。社会環境が下克上で、彼が戦国時代に生まれなかったら絶対に豊臣秀吉には生まれない。だから、コピー人間というのは原則ないわけです。その時代や環境、周囲などによって影響を受けるわけです。DNAはごく一部は決定していますけれども、人間そのものの情報ではない。DNAが全てを決定しているというのは明らかに間違いです。

そうすると、DNA以外の情報がどう伝わっていくのかという問題は大変おもしろいんですけれども、それはこれからの問題です。例えば去年（二〇一二年）の一一月に「ダライ・ラマ法王と科学者との対話」がありました。そのとき、花は笑うかという話にはなりませんでしたが、花に心はあるのですかという話題になり、ダライ・ラマは「ないと思う」と言うわけです。ところが、日本の学者は「山川草木の中に仏性がある」。だから、人間のような心はないかもしれないけれども、心のようなものはあると言うわけです。

その違いは何だといったら、ダライ・ラマは同じ仏教でも、砂漠の中という厳しい環境で育った仏教と、日本のような自然の恵みに恵まれた環境によって育った仏教は、同じ仏教でも考え方は違うんじゃないかという話が出たのですけれども、私どもは、DNAは生命の設計図ではなく、体の設計図だと言っております。そうすると、そのほかの情報がどのように伝わるのか、その情報がいかに体に、人間形成に影響を与えるかということはこれからの大変おもしろい問題だと思っています。

例えば魂というものが人間に本当にあるのかどうか。そうすると、魂の情報というものがあるかもわからない。だから、遺伝子と魂の研究も、大変難しいけれどもできればやりたい。下手すると「あいつはエセ科学者だ」と言われかねないのですが。

しかし、魂というものがわからないと、本当に人間が理解できないのではないかと思っています。大変無謀ですけれども、遺伝子の情報と、それとは一応独立的に魂というものの遺伝子があって、それはおそらく永遠の命とかサムシング・グレートにつながっているのではないかと思っているのですが、そのことに科学がどこまで肉薄できるのかということについても、ぜひやりたいと思っております。

司会 ありがとうございました。

草木に仏性が、あるいは心があるか否かという議論、これは中国仏教での議論でございまして、ダライ・ラマ法王がお知りにならなくても仕方のない議論なのかもしれません。草木の仏性に関する伯仲した議論が、昨年（二〇一二年）、東京のホテルオークラで開催されました「ダライ・ラマ法王と科学者との対話」とシンポジウムでもなされております。おそらく先生がおっしゃるように、環境ということが大きく左右しているのかもしれません。

それでは、棚次先生から出していただいたメッセージに従いながら、もう一度原点に返る形でのお話を進めていきたいと思います。ＤＮＡとか遺伝子という言葉が行き交っておりますけれども、おそらくその問題は命という問題なのだろうと思っています。その命あるいは生命の捉え方が人文科学、社会科学、あるいは生物学、医学、自然科学では異なるという話を棚次先生から出していただきましたけれども、改めて西川先生からそのあたりについてお話ししていただければと思います。

科学は手続である——西川

西川　特に科学について、今日、松本先生が要素還元論とか言っちゃったので、科学がそういうものだと思われているかもしれません。僕は科学というのは手続だと思っているんです。すなわち、私が正しいと思うことを村上先生や棚次先生にも正しいと思っていただける、それは説得ではなくて、実験であったり、数学であったり、その手続があるわけですね。

逆に言うと、仏教もそうだし哲学もそうだけれども、皆さんとアグリーする、あるいは認め合う手続のあるエリアと手続のないエリアがあって、あらゆるものを手続のあるエリアに持っていかないといけないことは間違いないですね。逆に仏教とイスラム教の方がそういう手続をつくり得るのかどうか。科学の場合は、少なくとも地球上にいる科学者はこれでいきましょうという手続を持ったんですね。この手続を持ったというところが科学の大変なところで、今、安心してどんどんすめることができるのです。

ただ、一方で科学者も手続を持てないときがあります。それは今、実際にそういうことが起こってきています。ヒッグス粒子がそうですね。ヒッグス粒子は50年前に予言されて、すごいお金をかけて実験を行わないと、正しいかどうかわからないですね。手続にめちゃくちゃお金がかかるのです。

それから、科学者が今もっと深刻な問題になっているのは、たいへん優秀な数学者は、その数学者のセオリーが正しいかどうかをちゃんとレビューしてくれる人がいないんですね。そうすると、論文を送っても七年間放っておかれるというようなことが当たり前になってきている。ですから、科学は手続だったけれども、そこでほころびるところもある。しかし、やはりあらゆるエリアでその手続を確立していくというプロセスが必要ではないかなと僕は思います。

ですから、科学は何か真実を求めているというふうにぜひ考えないでください。皆さんも明日からその手続に乗ると決めていただければ科学者なのです。

司会　科学は手続であるとされることの理由が少しわかりました。そのうえで、先生の御著書『生物のなかの時間』で生命について、「情報を持った、独立した系」という定義のつけ方をされておられるのですけれども、それについて少しお話いただきたいと思います。

西川　生命ってなかなか難しい問題だと思います。ただ、皆さんが見て、生命かどうかというのはすぐ簡単にわかりますよね。しかし、この二〇世紀の初めのころに、やはり生命とは何かということがものすごく真剣に議論されたことがあります。

それは物理学の人からそうした話が出て、物理法則だと間違いなくいろんなものは崩壊する方向にあるにもかかわらず、崩壊しない。それは熱力学的な法則と反することをちゃんと生命はやっているわけですね。その後の研究で、そういう熱力学で必ず崩壊の方向とは違うものも物理学的にあるなということがわかってくると、新しい定義が必要になります。僕は生命を定義するのに一番正しいやり方は、情報でもそうですけれども、進化できるかどうか。すなわち、進化できる可能性を持ったものが生命だと思います。

すなわち、ダーウィンが進化論で書いた、幾つかの力が小さな原型にふっと入ったわけですね。

その力は生命だったわけですが、その力が何をしたかというと、進化をさせたわけです。石ころは、どんなに物理法則に従っていても進化しないですから、DNAであれ、何であれ、進化できるかどうかということで生物かどうかというのを決めればいいかなと思っています。

司会 それが時間が経過しても変化しない、自己のアイデンティティーを保持して次世代までに伝えられることが、ほかの物理化学的な時間とは決定的に違うというふうに先生がおっしゃるところなんですね。

西川 人間はもっと違います。言語というのはやっぱりすごいですよね。村上先生にお聞きしたいのは、笑いや祈りといった問題をやっていかれるときに、言語というのをどういう形で位置づけられているのでしょうか。僕から見ると、そういうプロセスというのは全部、言語が生まれてこないとできなかったのではないかと思うのですが。はっきり言うと、チンパンジーにはないと。

村上 あまり考えたことはありませんが、おそらく、ネズミの笑いと人間の笑いの違いは言語かもわかりませんね。物理的にくすぐったいということは動物でもわかると思いますけれども、人間の笑いは本当に複雑です。物理的な要素もありますが、精神的な要素もある。

宗教でも、真言を唱えるとか、祝詞を唱えるという手段がありますが、言語は確かに人間と他の動物を分ける非常に大きなポイントです。初めに言葉ありきというのがありますけれども、人間はDNAで見れば生物の一種であるのは間違いありませんが、やっぱり特別な存在であります。

それから、人間は言語だけじゃなくて、それを使って考えることができる。宇宙とはどうして始まったのか、生命とは何かというようなことを動物は考えないと思います。考えているかもわかりませんけれども、わからない。人間だけが、生命とは何か、宇宙とはどうして始まったかというのを考える。そういう考える力を持っているというのが、言語とともに、動物と区別できるものではないかと思っておりますけれども。

西川　今、村上先生がおっしゃったことでちょっと補足させてもらうと、今、研究が進んでいるのが、人間、それからネアンデルタール人、それからもうちょっと小さいアルタイのデニソワというところで見つかった人間のサンプルがあるんですけれども、これは僕らのＤＮＡを調べるのと同じぐらいの精度で完全にＤＮＡが調べられているんです。しかも、遺跡として、ネアンデルタールの遺跡、デニソワの遺跡に人間の遺跡があって、例えばネアンデルタール人のお墓には花が飾られているとか、そういうことまでわかっています。もちろん言語もあります。

ネアンデルタール人と僕らホモ・サピエンスを何が分けるかというと、文字があるかどうかです。しかも、最近わかってきたことは、そのデニソワ、ネアンデルタール、ホモ・サピエンスは、どこかの時点で、性交して交わっていたんです。それがいつか交わらなくなっていく。そういう歴史もだんだんわかってきています。逆に、最も難しいと思われていた言語から文字の問題などについて、村上先生がおっしゃるＤＮＡとも結びつけて研究できる時代が今来ていると僕は思います。ですから、いろんな動物を使って進化の研究はできますけれども、今、人間ほど進化の研究に向いた動物はないと僕は思っているのです。

司会　棚次先生はいかがでしょうか？

棚次　先ほど村上先生は、ＤＮＡは命の設計図ではないんだ。身体、それもおそらくフィジカルボディー、物理的身体の設計図であり、心とか魂のレベルで遺伝子のようなものがあるかもしれないとおっしゃいました。

私は、そういうのは当然あるだろうと、なければおかしいと思っている人間なので、ひょっとしたらそういう方向での新しい研究が始まるかもしれません。その前に、まずは心の働きが身体レベルでの遺伝子の発現にどのような影響を与えるかを明らかにすることだと思います。

西川先生は科学は手続だとおっしゃいました。みんなが合意して、こういう手続にのっとって知恵を積み重ねていくということだと思いますが、そういう論理的思考でもって因果関係を科学は考えていこうとしていると思いますが、知というのはそれとは全く別次元の知があって、これは直観知、場合によると身体知だとか暗黙知だと呼ばれているかもしれませんが、そういう知があります。宗教の方法論だと、論理的思考ももちろん鍛えていくでしょうけれども、直観知を獲得する、再発見するという伝統が宗教の中にあったと思います。おそらく、これから思考や言語とかを考えるうえでは、論理的思考能力と同時に直観的な能力という、この両方のバランスをうまくとっていくという方向に向かうのではないかと思っています。

岡潔という有名な数学者は、数学をやるに当たって大事なのは感情、情緒とか直観であるとおっしゃっていますよ。これは天才的な数学者にして初めて言えることだったと思いますが、私たちはややもすると直観を磨く訓練を学問の中ではしてこなかったんじゃないかなという気がします。

日常生活を送っている中で直観とかひらめきというのは皆さんもあるかと思いますが、おそらくそれを、直観が流れてくるままにしてそのまま打ち捨てているといいますか、それをきちっと捉えていなかったかもしれない。日常生活の中で直観を生かして生活しておられる方もいるとは思います。学問の中でそれをどうやって方法論的に訓練していくかということが、研究の面で問われてくるのではないかなと考えました。

西川　僕はやっぱり手続論で、人間ですから、小説も読む、絵も見る、音楽も聞く。例えば、時間を例にいつも話をするんですけれども、詩人の捉える時間間隔は独特です。例えば有名な詩のなかに、一滴の水が落ちる、それが刀の上に落ちて刃で分かれるのを見ていて一生を感じるというわけですね。それはやっぱり皆さんが毎日毎日の生活の中で直観として感じられることで、逆に、それがいろんな文化を生んできています。それは僕から言わすと情緒の文化というものです。

情緒の文化というのは、個人の一回の経験を大事にするという文化です。例えば、ダヴィンチの絵はすばらしいという、ダヴィンチの経験をみんなが共有するんだけれども、それはダヴィンチの経験を大事にするわけです。ですから、詩人の言葉を大事にする。コンセンサスをとるわけじゃないんですね。ですから、科学者も音楽が好きな人もいますし、いろんな形で直観を磨いていると思います。

ただ、一旦科学に戻ったときには手続に乗る。その手続を、どんなに直観に反していても守るということが要求されるのです。ですから、いろんな実験の最初のスタートというのは直観にかなり結びつくところもあるし、暗黙知のようなものに結びつくときもあります。ただ、そういうものを手続化していくということが今までの科学だったんです。

ただ、二一世紀の科学になったときに、皆さんがそういう手続の中で科学者になり得るという時代が来ていると僕は思っていて、そういうことをいろんなところで言っています。ですから、そういう中で初めて個人の経験や直観、主観というものについてもう少しちゃんとした議論ができると思います。

司会　生井先生のお考えは、いかがでしょうか。

生井　その直観の問題ですけれども、インドのヨーガの伝統では直観ということが第三番目の正しい認識として重んじられてきました。直接的な視覚等の感覚器官による知識と、もう一つは論理、そしてヨーガ行者の直観です。実際にそれらを共有するとなると、「美しいもの」などはある程度共有できる領域だと思います。ですから、そこのところを科学的手続論以前の人々の共感、直観という問題はやはり少しまだ疑問を感ずる部分があります。

西川　科学という定義の場合は手続であって、別に詩人がいてはいけない、あるいは非科学的だから間違っていると言っているわけではないのです。

生命と人間の尊厳

司会　ありがとうございました。

先生方にぜひお聞きしておきたいことがございます。今日も山中教授のノーベル賞受賞によってｉＰＳ細胞が話題になりましたが、理論的には皮膚細胞から再生した精子や卵子から子供をつくることができる。つまり、女性のみで子づくりができる、あるいは母体に相当する人工子宮に移してその生命の誕生の可能性などが話題になっております。西川先生は、そうしたことについてどのようにお考えでしょうか。

西川　実際には私は、ウィスラーで行われたキーストン・シンポジウムで、私が座長で山中さんがiPSの話をされたんですけれども、聞いていてノーベル賞をもらうと思いました。やはりそのぐらいびっくりする話です。しかし、びっくりしたのは原理ではありません。原理は、山中さんと一緒にノーベル賞をもらったジョン・ガードンさんが卵の中に核を入れるクローン技術を開発したことから、そういうことがあるのかと思っていました。

逆に言うと、要するに皮膚になったものはずっと皮膚でないと困るんですね。もし皆さんの皮膚が明日に血液になったら体は維持できませんから、皮膚はずっと皮膚。だから、人間の社会と一緒ですね。ある職業の人はずっとなるべくその職業に従事していただくほうが社会は安定するというようなことと同じ仕組みがあるのですが、山中さんは簡単な方法で、何にでももう一度戻せるという話をしたわけです。ですから、生殖細胞をつくり直して人間をつくるということも多分間違いなくできるようになると思います。

ただ、それをやるかどうかは人間の問題で、例えば、まず危険なものは絶対にしてはいけないですね。それは倫理委員会で法律をつくるときに一番厳しくやったんです。その次に、どこまで許すかということが常にあって、これは最終的に科学者が決められる話ではなくて、社会が決めるんだと思います。

その一番わかりやすい例が、僕はやはり仏教の方、キリスト教の方と、多くの方とお話ししましたが、例えばクローン、ES細胞に関しては、カトリックとプロテスタントは徹底的に反対されていたのです。一方、禅宗や浄土真宗の方とお話ししたら、確かに戸惑うけれども、仏教では教義として生命の始まりという問題はあまり考えていないと。だから、そこに関しては、懸念する程度であるとおっしゃるわけです。驚くのは、ユダヤ教とイスラム教です。何をしてもいいと言うわけです。なぜかというと、受精というのは極めて新しい概念ですから、生理がとまる日を調べて、そこから初めて生命が始まるというのがアリストテレスの考え方で、今でもユダヤ教とイスラム教はそうした考え方をとっているので、40日までは物だという考えで、何をしてもいいというわけです。ですから、別々の宗教だとこれだけ発想が違いますから、結局は社会が決めることではないかと思います。

ですから、例えば今ヨーロッパで一番大きい問題になっている同性愛結婚の問題。これも、カトリックでは絶対反対ですけれども、プロテスタントでは意外とオーケーだったりするし、これは民主主義的に社会で決めるしかないことだと思っています。

司会　村上先生、このことについてはいかかでしょうか。

村上　西川先生が倫理委員会の規則づくりに非常にご努力されて、西川先生の答えが正しいと思いますが、皆さん方は、科学者は自分の興味に応じて好きなことがやれると思っていますが、決してそうではありません。倫理委員会があり、そこには科学者以外の方や一般の方も入っておられて、この実験をやるべきかどうかという判定をやらないと実験に着手できないようになっているのです。

科学者が自分の思いだけで、特に倫理に関係するものはやれないようになっているという歯止めがきちっとかかっております。しかし、私は命というのは人間がつくれないわけで、そのことをもう一度倫理委員会の人あるいは科学者が生命の尊厳ということを考えて実験を考えるべきだと思っていいます。そういう点で、命の尊厳、命の不思議さということを科学者も考慮に入れるべきであると思っております。

司会 ありがとうございました。今いくつかの例を西川先生に出していただいたんですが、棚次先生は宗教学の立場からどのように思われますか。

棚次 そうですね、議論が拡散あるいは収束しているように思いますけれども、結局、人間とは何かという問題だと思います。これを科学の方はボトムアップ方式で探究しようとされます。それから、宗教的な感覚の持ち主はトップダウン方式で考えますね。ですから真言密教であれば、人間というのはおそらく大日如来の分身だと考えるはずなんです。私はどちらも正解で、見ている局面が違うのだと思います。だから、最終的にこの問題は人間とは何かという問題だと思います。

私の考えでは、人間は三重の構造をしていて、心と体、そしてその奥に、スピリットと言ってもいいですし、霊《たま》とか人、あるいは霊《れい》と呼んでもいいのですが、それが存在の核心だろうと常に思っております。ただ、この考え方がそのとおりだとおっしゃってくださる方は必ずしも多くはないのですが、私は心と体の相関関係を根底で支えているようなものがあると思っています。それをサムシング・グレートと呼んでもいいのですが、そういう存在があって、実はそれこそが人間の核心をなしているのではないか、というのが私の拙い直観です。

司会 生井先生、いかがでしょうか。

生井 やはりもともとの物の見方というものは異なるものです。宇宙論に関しましてもそれぞれ違った説明モデルの宇宙論があったわけですから、それについてどう対話していくかという問題になると、どういう接点があるか、お互いが歩み寄れる点はあるのか、こういう形であればこう解釈できるという領域での対話の可能性を見出す場であろうかと思います。

先ほど申しましたように、特に生命あるいは心というような問題に関しては、少なくとも宗教的な人間というよりも、普通の人間から見れば、人間社会をよりよく生きていくためにはそういう見方もあってもいいのではないかと思います。ですから、お互いが合意できる客観的なものというよりは、お互いの主観同士が響き合えるような、そういう宇宙観というのもあってもいいのではないかという気はいたします。

遺伝子情報をめぐって

司会　ありがとうございます。今日も村上先生等からお話がありましたように、遺伝子が解読されたことで、これから特に医療の現場においては随分期待されることになります。それと同時に有効な活用に先立って個人情報に関するさまざまな問題・課題というのが出てくると思われます。

昨今、話題になりましたが、女優のアンジェリーナ・ジョリーさんが遺伝子の診断を受けた結果、乳がんが発生するおそれがあるということで、乳がんの部位を切除したということがありました。そうした事実、方法性についてはどのようにお考えでございますか。

西川　基本的には全部ディスクローズ（開示）するという方向が一番重要ではないかと思います。特に患者さんの場合は、個人情報を外へ出してもいいと考える人がいます。それを守るために何が必要かというと、僕は、遺伝子差別禁止法を日本でつくる。もし、保険会社でもどこでもどこかで何か見て、違う行動をとったということがわかったら、ほとんど考えられないようなペナルティーを科す罰則をつくったうえで、皆さんが、自分が出したいと思ったときには安心して出せる世の中をつくらないとだめだと思います。

村上先生は、遺伝子情報は一〇〇〇ドル、一〇万円とおっしゃったんですが、今ＩＢＭがつくっている機械は大変な機械で、実際には五年で一〇〇ドルになると言われています。そうすると、一万円で皆さんの遺伝子が買える時代になったときに、皆さんが自分の記録を自分で持って、国でもどこでも、遺伝子情報を出してもいいという人をちゃんと見られるという仕組みを一から考え直さないといけないと思います。ですから、皆さん、一万円で読んでいただくという時代が来るのが一番大事かなと僕は思っていますが。

司会　村上先生は、どのようにお考えでしょうか。

村上　私は、遺伝子には確率の問題で乳がんが発生する確率が七〇%とか、その情報だけで乳房を切除するのは少し行き過ぎじゃないかと思います。同じような遺伝子を持っておっても、スイッチがオンにならなければいいわけですから、それは食べ物であるとか、体を動かすことであるとか、その人の心の持ち方、生き方によってオンになったりオフになったりするということがわかり出しておりますから。

遺伝子情報は参考にすべきであるでしょうが、切除する人がおっても反対はしませんけれども、私は少なくともそういう生き方はとらないほうが人間として豊かな生活が送れるのではないかと今は思っております。将来また、進化しますので、変わるかもしれませんが、今はそう思っております。

生井　遺伝子情報がどう利用されるかという利用の仕方の問題であろうかと思います。それが人間の勝手な利用を目論むものではなくて、サムシング・グレートの大いなる設計図の意図みたいなあり方を認識したいならば、情報が明確になっていく方向はいいとは思います。それが果たしてどのように利用されるかという人間の側には多くの問題があろうかと思います。

司会　ありがとうございます。棚次先生、何かご意見はありますでしょうか。

棚次　人間の尊厳という問題が先ほど出ましたが、これについて、尊厳の根拠とは何なのか、なぜ人間に尊厳があるのか、なぜ命が大事なのか、これはなかなか論理的に考えていってもわからないですよね。大切だから大切だという同語反復みたいな言い方になってしまわざるを得ないようなところがあります。これは要するに人間とは何かという問題とも密接につながっている問題です。なぜ私たちがここで今生きているのか、それに意味があるとしたら、その意味は一体何なのかという問いと人間の尊厳の問題というのは密接につながっている問題のように考えています。

また先ほどから、人間というのは言語、言葉を使うということが大きな目印になるというお話がありましたが、言語ではない言語以前の情報交換、ノンバーバル（非言語）な情報交換は多分至るところであるのではないかと思っています。それは素粒子のレベルでもあるだろうし、あるいは細胞間、生体同士の間でもあるだろうし、共同体同士の間でもあるかもしれない。だから、おそらく私たちがごく普通に考えているような仕組みじゃなくて、何か全く違った仕組みを宇宙とか人間というのは持っているのではないかなと思います。

アーヴィン・ラズロという先生が万物の統一理論を提唱されていますけれども、あのような考え方は大きなヒントになるのではないでしょうか。要するに、全ての生き物はいろんな次元、いろんな段階で相互に連携し合い、絡み合っているといいますか、むしろ不可分であるという、何かそうした世界の見方、人間の見方というものがこれから科学的に証明されてくる時代が来るのではないかと予想しつつ期待しております。

司会　ありがとうございました。さて、遺伝子情報をはじめとします生命科学に関しまして、最新の情報あるいは問題点などが、先生方とのお話によって鮮明になりつつあります。残念ながら、予定しておりました時間がまいっておりますので、このたびのシンポジウムはこのあたりで終了させていただき、次回以降に引き続く形で反映させてまいりたいと思っております。

パネリストの先生方には、ご講演、シンポジウムなど非常に長時間にわたり議論を展開していただきまして、誠にありがとうございました。熱心に議論していただきました先生方に、皆様、温かい拍手をお願い申し上げます。（拍手）

密教文化研究所では「宗教と科学の対話」プロジェクトを通して、これまであまり歩み寄ることのなかった領域での対話・交流を試みようとしております。特に二年前に起きました東日本大震災以来、科学万能主義の動向に警鐘が鳴らされ、学際的な新たなる学問研究の必要性がさまざまな機会に唱えられております。

信仰なき科学者の真理探究の危うさを早くから指摘されるとともに、永遠性を持つ学説・新説を提出した学者の多くがカトリック信仰を持っていたことに注目されましたのは、『長崎の鐘』の著者で知られ、長崎原爆の父と称される長崎医大の永井隆博士でした。また、かの相対性理論の提唱者アインシュタイン博士も「宗教抜きの科学は足が不自由も同然であり、科学抜きの宗教は目が不自由も同然である」と言っておられます。そして、本日ご講演いただきました村上先生も多くの著書を通じまして「人はいかなる理由でつくられたのかという問題を考えないと、これからの科学をどう進めていっていいのかわからない。わからないままに進めて、もし間違った方向へ行ってしまうと大変なことになる」と説かれまして、「これからは科学が宗教の教えることを証明し、宗教が科学の成果を取り入れて説明をする、そういう時代へと進んでいく」と御提言されております。

幸いにも、密教文化研究所では、その村上先生を特別招聘顧問としてお迎えし、宗教と科学の対話、並びに生命と遺伝子の共同プロジェクトを推進しております。これからもその成果をこのような機会を通しまして多くの皆様に発信してまいりたいと思います。

本日はお昼より長時間にわたりご清聴いただき、誠にありがとうございました。いま一度、本日ご講演並びにシンポジウムにご臨席いただきました先生方に温かい拍手をお願い申し上げます（拍手）。ありがとうございました。

【注】

（注1）**パラダイムシフト**　その時代や分野において当然のことと考えられていた認識や思想、社会全体の価値観などが劇的に変化することを言う。

（注2）**育種**　ある生物集団から望ましい遺伝的性質をもった生物集団に変化させ、これを飼育栽培すること。

（注3）**選択圧**　選択とは、進化において、生物個体や形質などが世代を経ることによってその数や集団内での割合を増していくこと。逆に、割合を減少させていくことを淘汰という。このような変化が実際に起こることを選択が働く（選択される）、または淘汰が働く（淘汰される）といい、この差を生む要因を選択圧または淘汰圧という。

（注4）**エピジェネティクス**　ＤＮＡの配列変化によらない遺伝子発現を制御・伝達するシステムおよびその学術分野。

宗教と科学の対話—宇宙の摂理への想い（その一）

2015年8月18日　初版第1刷発行

編　者　高野山大学密教文化研究所
発行者　齋ノ内　宏
発行所　株式会社　企業開発センター
〒530-0052 大阪市北区南扇町7-20　宝山ビル新館　TEL06-6312-9563
〒160-0004 東京都新宿区四谷4-32-8　YKBサニービル　TEL03-3341-4915
発売所　株式会社　星雲社
〒112-0012 東京都文京区大塚3-21-10　TEL03-3947-1021
印刷所　第一印刷出版株式会社

ISBN978-4-434-20955-0　C0014
（定価はカバーに表示してあります）